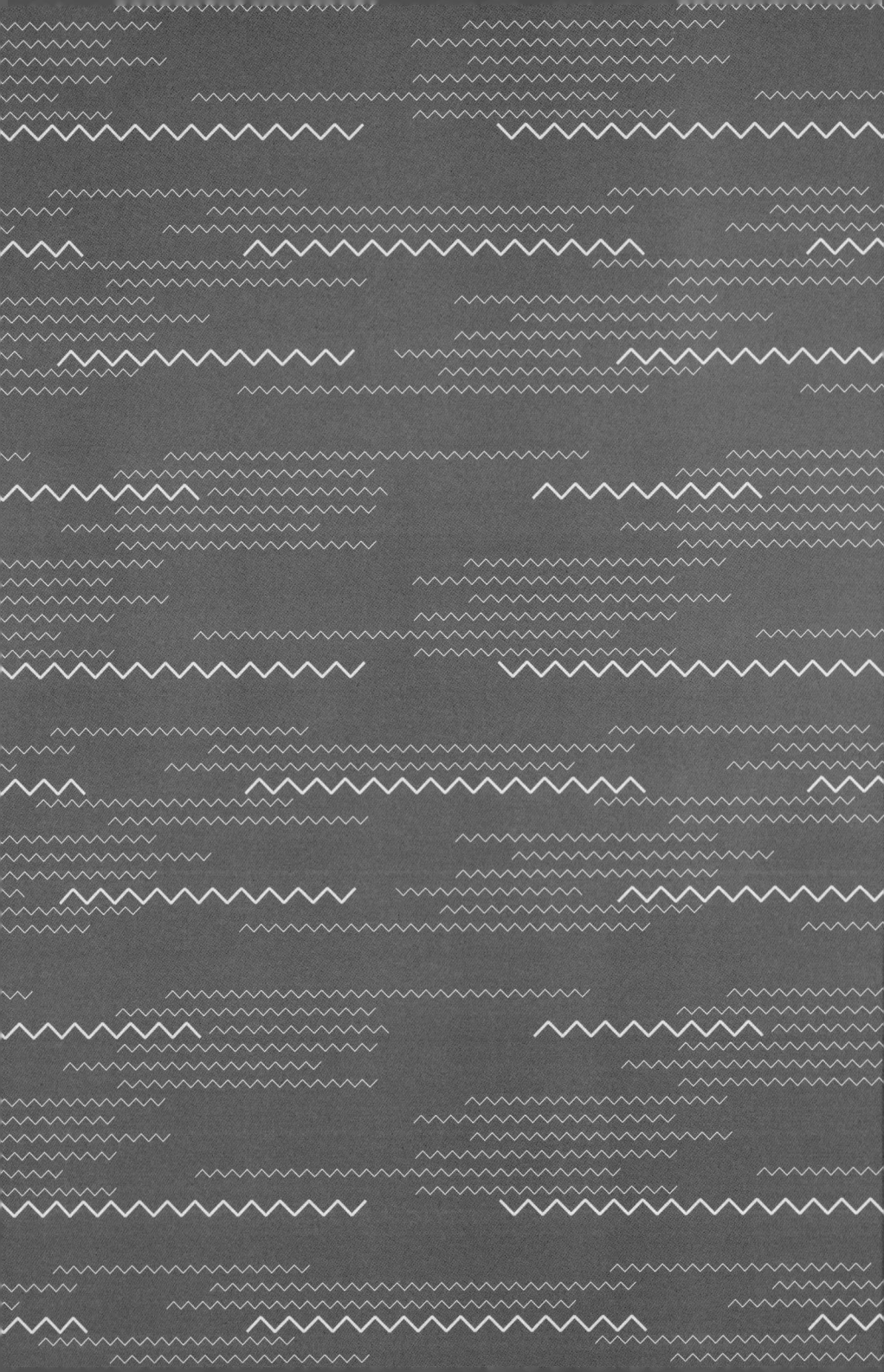

生成式金融危機

AI and the Threat to the Global Economy

Money GPT

當AI接管交易，下一場全球經濟新威脅

James Rickards
詹姆斯・瑞卡茲 ——— 著　徐立妍 ——— 譯

目次

作者序　它會照著你的好意，搞砸一切　　　9

第一章　市場的終結　　　31
當交易被模型接管，市場已不再是人類博弈的現場，而是演算法之間的無聲對決。價格不再反映共識，而是生成的結果：市場理性正在瓦解。

第二章　銀行神話的終章　　　101
人們以為存款是安全的、信任是穩固的。但當 AI 加速擠兌與恐慌，銀行業那套「穩定幻覺」便無所遁形。神話崩解後，剩下的是風險連鎖反應。

第三章　數位貨幣與新價值　　　151
比特幣、代幣與各式虛擬資產不只是技術產物，而是對金錢本質的重寫。當 AI 模型難以理解流動的價值信號，我們是否還知道「錢是什麼」？

MONEY GPT

第四章　經濟戰爭與國家安全　　　201
AI 不只改寫市場，也成為戰略工具。當演算法介入金融制裁、資產操控與資訊戰，國與國之間的安全平衡進入全新博弈：預測成為武器。

第五章　信任的終點　　　257
AI 工具看似中立、理性，實則鏡射人類偏誤。當決策委託給看不見的系統，我們將失去的，不只是主導權，而是對真相、價值與未來的信任。

結論　　我們如何迎來超智慧，卻失去世界？　　303

謝辭　　　330

以此書紀念我的父母，
理查和莎拉，
獻上我的愛，我永遠無法回報您們的付出。

你們說:「晚上天發紅了,天必要晴。」早晨,你們就說:「天發紅,又發黑,今日必有風雨。」你們知道分辨天上的氣色,倒不能分辨這時候的神蹟。

——〈馬太福音〉　16章2至3節

作者序

它會照著你的好意，搞砸一切

當知識被轉化為資訊商品，它能以更快、更廣的方式傳播，成為強化個人乃至企業與國家生產力的核心要素。也因此，在全球競逐影響力的當下，各國爭奪的重心，逐漸從領土轉移至資訊，換言之，誰握有更多的資訊掌控權，誰就更有影響力。可以預見，未來的競爭將不再以疆界為界，而是圍繞誰能主導資訊流、誰能駕馭知識經濟……一場新型態的戰爭正在展開：一邊是產業與商業的佈局，另一邊則是政治與軍事的博弈。

—— 李歐塔（Jean François Lyotard），《後現代狀態》（*The Postmodern Condition: A Report on Knowledge*，1979）[1]

---

1 *La Condition postmodern: rapport sur le savoir* 一書法文版於 1979 年出版，英譯版則是 1984 年出版（作者引用的版本）。有中譯本，五南出版。

人工智慧（Artificial Intelligence, AI）的發展始自 1950 年代，不過在更早之前便有前例，在虛構小說中也有預言，例如雪萊（Mary Shelley）的《科學怪人》（*Frankenstein*）；但是 GPT（Generative Pre-Trained Transformers，生成式預訓練變換模型）卻是相當新穎的發明，在 2017 至 2022 年間默默出現，由 OpenAI 公司推出了諸如 GPT-2 及 GPT-3 等版本，接著在 2022 年 11 月 30 日，OpenAI 發表了聊天機器人形式的 ChatGPT，並開放給大眾使用，這款聊天機器人應用程式以新的 GPT-4 模型支援，馬上就如超新星般一夕爆紅，兩個月內就累積了 1 億名使用者。

應用程式用戶累積速度第二快的是抖音（TikTok），用了九個月才達到相同目標；Instagram（IG）的用戶則是第三快的，花了三十個月。GPT-4 聊天機器人不只是獨特科技，使用者的接受度更是高得驚人。

▎GPT-4 帶來的重大顛覆

為 GPT 應用敞開大門的知識突破點是 2017 年由瓦斯瓦尼（Ashish Vaswani）及協作者共同發表的論文：〈你需要的就是注意力〉（Attention is all You Need），這篇論文提出了一項新的網路架構，稱為變換器模型（Transformer），它能以平行且非循序的方式，處理語言生成所需的詞彙關聯，取代過去仰賴循環神經網路，必須逐字處理的流程。

簡單來說，這表示變換器模型，能同時檢視許多字辭聯想關係，而非一次一種，論文標題中的「注意力」一詞，是指這套模型能夠從訓練素材中學習，並且在沒有嚴格限定規則的情況下，自主產出合理的字串。在相同處理能力下，變換器模型能在更短時間內，完成更多工作。接著，變換器模型便整合進了已經存在的科技中，例如自然語言處理（natural language processing, NLP）、機器學習（machine learning）和深度學習（deep learning，

也就是為更高層提供數據輸入的神經網路層）。突然間，任何人都可以生成符合文法的文字，來回應指令。

▎快速崛起的 GPT

從 GPT-1（2018 年）到 GPT-2（2019 年），再到 GPT-3（2020 年），主要著重於增加模型使用參數的功能，同時擴展大型語言模型（large language models, LLMs）的規模，也就是能夠用來訓練模型的文字量。作為參考 GPT-1 有 1 億 1,700 萬個參數，GPT-2 的參數量是 15 億，GPT-3 則有 1,750 億，而 GPT-4 估計會有 1.7 兆個參數，比 GPT-3 還要大上 1 千倍。

隨著參數的指數性成長，訓練素材的數量也同樣大幅增長，GPT-3 和 GPT-4 都能透過共用爬取（Common Crawl）的資料集，存取整個網際網路的資料。

舉例來說，以 2019 年的一個樣本來說，大約有 45 兆位元組，由於數據實在過於龐大，還得再削減，只取比較有用的 570 吉位元組（gigabytes，又稱 10 億位元組）。這番調整參數及訓練素材的數量，伴隨而來的便是圖形處理器（graphics processing units, GPUs）能力大躍進，例如輝達（Nvidia）的 B200 Blackwell 晶片，既能用在數學運算上，也能用於圖形生成。

即使以矽谷的標準來看，GPT 的崛起也是超乎尋常的快速與強大，資訊處理及人機互動的世界，已在我們眼前改變。

話雖如此，我們還是應該思考一下，GPT 能否產出符合真實世界的內容，除了現有的 AI 工具外，例如搜尋、拼字檢查及在文字編輯中建議字詞，生成式 AI 能否產出實際的價值？

▌更有效率、更省成本,卻更容易被識破?

2023 年《外交政策》(*Foreign Policy*)雜誌夏季號中發表了一篇十分有趣的測試,目的是研究 GPT-4 聊天機器人(即稱為 ChatGPT Plus 的版本)的能力,寫出一篇關於烏克蘭衝突的地緣政治論文,特別要提及俄羅斯併吞克里米亞的影響。除了 ChatGPT 的文章外,還有一篇由研究生以相同題目撰寫的論文。為求公平,兩篇文章發表時都先隱蔽作者身分。這份測試是要人閱讀完兩篇文章,看看能否辨識出哪一份是電腦生成的論文、哪一份是由人類所寫。我讀了第一句就認出 GPT-4 的版本(論文一),甚至不用讀人類的版本(論文二)。原因是論文一使用了浮濫的陳腔濫調,以「在地緣政治的棋局中⋯⋯」開頭來說明俄羅斯的行動,這句話同時指稱俄羅斯的動作是「⋯⋯權力拉扯中的關鍵變動」。

陳腔濫調自然有用,我有時候也會用,但是在

第一句裡就出現兩個,明顯透露出,這就是經過上百萬頁地緣政治文章訓練後的機器人,才不得不轉進修辭的死巷。相較之下,人類版本的文章開頭寫著:「俄羅斯併吞了克里米亞半島,這原本是屬於烏克蘭的領土。這是自第二次世界大戰結束以來,最大一片遭外國勢力侵占的土地。」不是那麼吸引人,卻是平鋪直敘地說出事實、提供資訊,沒有陳腔濫調。不過,機器人版論文的文筆清晰、文法正確,同時資料豐富,只是不斷出現陳腔濫調的修辭,包括「鋪好道路」、「骨牌效應」及「權力真空」,重點是,機器人的論文符合邏輯,開頭言明俄羅斯入侵克里米亞,接著談論國際間的反應冷感,認為如此冷感的反應讓俄羅斯愈發大膽,進而擴大衝突,最終導致了我們現今所見到更大範圍的戰爭,貫穿全文的主旨是,這一連串行動的每一步,都「屬於更廣泛的俄羅斯入侵」。

人類版論文有類似的共通論點,只是觀點更

廣、分析更細微,先是表明俄羅斯吞併克里米亞「違反了二十世紀下半各國之間普遍的共同認知:獨立國家維持其領土完整性」,建立起議題框架,接著,撰文者跟隨著機器人的版本,說明國際間反應冷淡的效應,而這進一步鼓勵了俄羅斯侵占烏克蘭的領土,最終導致烏俄戰爭爆發,一發不可收拾。人類展現修辭的做法是引用了「切香腸戰術」,也就是指出,俄羅斯以蠶食的方式頓巴斯(Donbas)地區,然後才發動全面入侵。

人類版論文的寫作擁有較深切的世界觀,分析能力也更強,但機器人版論文完全可以過關,若是根據早就沒人在用的評分標準來看,機器人可能會拿到丙上,而人類則能穩穩地得到乙。

▍無論是人還是機器人,都犯了相同的錯

這些兩相比較的評論,都不是兩篇論文最有趣的地方,最有趣的共通點是,這兩篇論文都有嚴重

瑕疵,兩者都沒有提到美國前總統小布希(George W. Bush)於 2008 年,在羅馬尼亞首都布加勒斯特(Bucharest)宣布,烏克蘭和喬治亞「將成為北大西洋公約組織(North Atlantic Treaty Organization, NATO,簡稱北約)的成員國」,兩者同時忽略,在布加勒斯特高峰會剛過四個月後,俄羅斯便入侵喬治亞,這顯示布希宣布「烏克蘭將加入北約」這件事,踩到了俄羅斯的紅線。

文章中也沒有指出,烏克蘭有部分領土在莫斯科東方,而自成吉思汗以來,就再也沒有人從東邊攻擊過莫斯科。另外,也忽略了 2014 年由美國中情局襄助的廣場起義(the Maidan Uprising)[2] 趕跑了合法當選的烏克蘭總統。除了這些問題,人類作者提及「領土完整性」的爭議時,卻未能解釋 2003

---

[2] 2013 年 11 月至 2014 年 2 月間發生於基輔獨立廣場的大規模示威活動。起因是時任總統亞努科維奇中止與歐盟簽署協議,轉向親俄政策,引起民眾不滿。示威從和平集會演變成暴力衝突,最終導致亞努科維奇下台並逃往俄羅斯。

年美國入侵伊拉克領土的合理性。

▍GPT 的「智慧」從哪裡來？

簡言之，烏克蘭的戰爭和俄羅斯擴張領土、地緣政治野心或切香腸戰術等沒什麼關係，這場戰爭是為了回應西方國家這十五年來的挑釁，機器人和研究生怎麼會忽略了背景故事、忘記美國的挑釁，同時誤解了俄羅斯作為的源頭？

以研究生來說，我們可以怪罪主流媒體；對機器人，我們可以怪罪 GPT 工程師口中所謂的「訓練集」，也就是機器人在網路上瀏覽，接著自動加入深度學習神經網路中的書面資料，GPT 的回答，正是這樣生成出來的結果。

我們可以為研究生找理由，因為她還需要更多歷練才能拿出專業分析；不過就不需要幫機器人找藉口了，機器人完全是按照程式設定去做，並交出

一份像是人類所寫的論文，論文中的分析錯誤，不是因為機器人或演算法，而是因為訓練集中的資料有嚴重偏誤，都是根據《紐約時報》（*The New York Times*）、《華盛頓郵報》（*The Washington Post*）、美國國家廣播公司（NBC）新聞、《金融時報》（*Financial Times*）、《經濟學人》（*The Economist*）和其他主流媒體得來。

《外交政策》的論文比較能明確凸顯GPT的真正失誤之處。GPT擁有無遠弗屆的運算能力、訓練集的資料量龐大到無可比擬，而深度學習的神經網路架構良好。雖然變換器形式的平行處理還有進步空間，不過一定會再進步，因為GPT系統有自我學習的功能。正如前面提到的，機器人寫出的論文既符合文法規則，邏輯也很清晰，問題在於機器人用來學習的內容來源，是西方媒體長久以來的政治宣傳內容，用政治宣傳文章來訓練機器人，機器人就只能重複政治宣傳，不能期待它生出不同的結果。

這就是 GPT 真正的侷限。

明日會如何？

AI 已然成形且進步飛快，屬於 AI 分支的 GPT 才剛問世但能力強大，而且就連對於背後科學原理知之甚少的人們也能輕鬆上手。諸如 Siri、Alexa[3] 以及你汽車上的導航系統，都屬於 AI 機器人，全部配備著語音辨識軟體，也能與你對話，已經如同你的朋友一般。

Meta 看來笨重的擴增實境（augmented reality, AR）及虛擬實境（virtual reality, VR）頭戴式裝置愈來愈受歡迎，現在也能買到將臉書（Facebook）內容直接串流到視網膜上的眼鏡。你的烤箱、洗碗機和冰箱內部，都有 AI 讓你知道它們的狀態。GPT 則不同，因為 GPT 不只能夠幫你設定溫度和 YouTube

---

3　Amazon Alexa，簡稱 Alexa，是亞馬遜公司推出的一款智慧型助理。

串流，還可以寫出符合文法的長篇文章，也已經使用在公關新聞稿與新聞播報稿上。

本書要探討 AI／GPT 面臨的挑戰，並思考 AI／GPT 如何影響對大眾至關重要的兩大領域：金融與國家安全。當然，有無數種方式可以將 AI／GPT 應用在資本市場與銀行業上，能夠增進效率、改善客戶服務，同時降低金融仲介的成本，如今已有對沖基金，使用 GPT 來選股和預測匯率。我們在第一章中討論這點，同時檢視在機器人對上機器人的情況中，發展出循環交易的風險，市場會以參與者自己也無法理解的方式崩潰。

我們在 1987 年 10 月 19 日就看過這樣的預示，當時道瓊工業平均指數，在一天內下跌超過 20％，以現今的指數水準來看，相當於一天跌了 8 千點，這是因為投資組合保險，需要保險公司買進賣權，以防股票繼續下跌，接著原本賣出看跌期權的投資人為了降低風險，又去放空股票，藉此對沖可能的

損失。但這種防守操作反而加劇股價下跌,眼看跌勢擴大,市場上的其他投資人紛紛湧入,買進看跌期權來賭股價會繼續下滑,於是形成一連串惡性循環——對沖愈多,跌得愈深;愈跌,又吸引更多人押注下跌。如此反覆進行,最後使得市場陷入死亡螺旋。

那次崩盤的自動化痕跡,不像現今的發展那樣明顯,畢竟這是在 AI 橫空出世以前,但是賣出引來更多賣出的量能,而 AI / GPT 系統只會放大這樣的效應,雖然有熔斷機制可以控管風險,但僅此而已,機器人不像人類那般容易馴服。

第二、三章則是將眼光看向資本市場(股票、債券、商品、外匯)之外,檢視銀行業(貸款、存款、歐洲美元及衍生性金融商品)。兩者都很容易引發恐慌,但表現出來的動力不同,資本市場的恐慌會突然出現且非常明顯,而銀行業的恐慌則是緩緩升起,對存款人及監管者來說大多看不見,最後

才發現流動性危機已然浮出檯面。有時這兩種恐慌會匯聚，例如銀行倒閉導致股市拋售潮，或者相反過來。我們會解釋其中的差異，並指出 AI／GPT 系統會如何撼動原本就不穩定的結構。

▎當機器人對上機器人……

AI 造成的風險不限於這種「意外的」，也很容易吸引來「有心人士」。金融市場會吸引罪犯及惡意行為者，他們透過餵養文字給社群媒體、公關新聞稿及主流管道，再從自己造成的恐慌中獲利，或是達到自己額外的目的。

GPT 會如所受到的訓練一樣吸收這些文字，加以參數化，而參數化後的結果，就是偏重最近期或文字最有影響力的內容，因此機器人也可能會根據假新聞，來提供建議及可預測的市場結果。惡意行為者早已占好位置，要從立即的市場反應中獲利，不過情況不會就此停歇，在機器人對上機器人的世

界，沒有人擁有足夠的資訊或運算能力，可以預測接下來會發生什麼。

在資本市場及銀行等金融秩序中，可能發生無意或蓄意混亂的情況，進而影響國家安全，這類危害更甚於金融衝擊。不論是國家還是非國家勢力，他們掌握的資源往往比操縱市場的人更多。而與國家為敵的勢力通常都有明確的敵意，這一點也不令人意外；但以非國家主體為攻擊對象的勢力，就更難以預測，可能是為了金錢，也可能是出於意識形態，甚至只是出自一種虛無的破壞衝動。更複雜的是，有些看似獨立的非國家行動者，其實是偽裝過的國家代理人。

整個局勢本就難以看清，而情報專家所說的「鏡子構成的荒野」，用以比喻充滿偽裝、誤導與假象的世界。如果再加上一層來自智慧科技的濾鏡，結果往往會更讓人迷失方向。

▍AI／GPT 加入戰局的三個面向

戰爭的主戰場早就開始變化，從動能武器進展到金融制裁手段。在前線或許還會使用飛彈、地雷和迫擊砲，但是禁止出口、扣押資產及間接抵制已經更關鍵的戰場。如果可以不費一顆子彈就摧毀敵人的經濟，政策制定者一定更願意採取這種途徑。即使已經全面部署好武器，長遠來說，在背後支持彈藥庫的工業及金融能力，仍至關重要。一邊是金融，另一邊則是國家安全，兩者之間的連結既綿密，更可能影響全世界人類的命運。

AI／GPT 透過三種不同面向進入戰局。第一是將智慧系統應用在前線戰局中，包括情報、監視、鎖定目標、電信、干擾訊息、物流、武器設計和其他傳統任務。第二則是運用 AI／GPT 讓金融制裁發揮最大的效用，考慮用來削弱或摧毀敵方經濟能力的各種工具，會帶來二次及三次效應，包括石油禁運、禁止半導體出口、凍結準備資產、沒收、

禁止保險及其他工具。最後，AI／GPT也可以用來攻擊，不只是用以限制市場，更要殲滅殆盡。其目標不會是透過制裁讓對方付出代價，而是要想辦法摧毀市場，讓人民的資產損失上兆美元，此舉的影響不僅是資產價值，因為人民會開始怪罪自己的政府造成金融浩劫。我們在第四章將探索這個世界，尤其會特別討論AI帶來的核戰危機。

在第五章要討論AI／GPT最令人擔憂的面向：審查、偏見及編造內容，例如為了服務使用者而生成通篇虛構的內容，這個缺陷比旁觀者所謂的「AI幻覺」影響更深，真正的幻覺既複雜又天馬行空。

要解釋AI／GPT正在做的事，比較好的譬喻是「虛構型言語障礙」，這是一種心理疾病。虛談症的患者會編造出帶著自戀傾向、關聯性有限的故事。當說話者感到慌張、面對質疑，或者不知道該說什麼時，就可以一再套用這種心理模組。這跟說謊不同，因為說話者在缺乏自覺下，並不知道自己

在說謊。

GPT 在寫作報告過程中，有時為了連續性或完整性，在需要填補空白時也會這麼做。就像為了補上拼圖中缺失的一塊，就自己捏造出一塊來。同理，這不能算是說謊，因為 GPT 不懂倫理道德，GPT 是機器，本身不具有說謊所需要的惡意。在生成的報告中，該領域的主題專家或許能夠發現編造的部分，但大多數使用者則沒有辦法。話又說回來，如果需要主題專家才能發現 AI／GPT 產出結果中的瑕疵，這些系統最初的優勢還有什麼？

▎AI 將如何重塑人類的價值觀與道德？

關於價值觀和道德的題目就更加棘手了，在 AI／GPT 領域中，每位科學家和開發者都提到，價值觀與道德的重要性，他們堅持必須阻擋錯誤及虛假訊息，強烈意識到有必要剷除新的偏見，同時彌補過去的偏見。他們尋找各種方法來清理資料庫及

程式演算法，好讓偏見不會「帶壞」訓練集與 GPT 生成的結果。

這樣刻意為之的道德感，在根本上忽略了困難的問題：到底該提倡誰的價值觀？近期有大部分所謂的虛假訊息，結果證明是正確的，而反對這些訊息的內容，則在推廣錯誤的敘事。關於偏見的論戰，會假設審查者沒有自己的偏見，並且忽略偏見其實是相當寶貴的生存技巧，永遠不會消失。多元性已經成為觀點同質性的代名詞；如果可以用來過濾掉那些野蠻和不講道理的行為，偏見就有價值。

諸如 Google 和 Meta 等 AI 守門員，在過去十年間，一直在推廣有關新冠肺炎、氣候變遷和政治的錯誤敘事，同時讓說真話的人失去平台與收益，那麼我們為何要信任它們？從更大層面來看，如果訓練集已經遭到主流媒體的謬誤汙染，GPT 的產出又會產生什麼樣的變化？因為這些本質性問題，我們必須面對挑戰，也會影響到接下來 AI 如何應用到

其他領域上。

▎AI 是輔助我們，還是滲透我們？

本書在結論中有提醒讀者，AI／GPT 這樣的新興科技，應當能帶來許多便利，希望我們在這些科技主導數位環境前，認知到其中的瑕疵與危險。我們必須想清楚，讓 Alexa 關燈雖然方便，但是否值得我們主動允許它的聆聽裝置，日夜且隨時將我們的私人對話，默默傳送到集中控制的系統中？生成式 AI 的便利，是否值得我們允許它透過偏差的訓練集、拙劣的偏見處理及短暫爆紅的價值觀，來傳播錯誤的敘事？我們有可能一邊利用 AI／GPT 的優點，同時又排除掉那些宣傳鼓吹的訊息，只要擁有人文主義觀點、社群信任及自主性支持，就能彰顯出經過時間淬鍊的價值觀。本書將會指出一條向前的道路。

1
市場的終結

所以,Alexa 和 Siri 密謀著要統治地球嗎?或許吧。
但若是如此,那也不是私人恩怨,只是逐漸改變的運算結果而已。

——肯尼斯・溫格(Kenneth Wenger),《演算法想害死我們嗎?》
(*Is the Algorithm Plotting against Us?* 2023)

MONEY
GPT

集中市場裡的AI

市場便是如此終結的：

▌12月2日上午7點整（北美東部時間）
道瓊工業平均指數 34,210（前一交易日結束時）

麥拉走進家族辦公室的交易廳，轉身面對他的助理莎拉說：「莎拉早安，有什麼新消息？」

莎拉回答：「沒什麼。長期利率依然很高，不過盤勢進入盤整，部分分析指出當前盤勢已經達到最高點。短期利率微幅上升，聯準會在貨幣緊縮的聖戰上沒有退縮。從這樣的情勢看來，通貨膨脹顯然已是常態，看不出來下降到聯準會目標的跡象。另一方面，美元指數上升到 106.52，英鎊、歐元和瑞士法郎都稍有下跌，人民幣則跌到了 7.67，日圓因受到人民幣影響，上漲到 155.78。原物料方面，

原油價格持平，仍卡在每桶 82.50 美元左右。黃金表現疲軟，仍在每盎司 2,300 美元左右的狹窄區間內波動。隨著中國經濟持續走緩，工業原料大多都下跌，銅的價格是 3.40 美元；農產品則繼續走跌，但不多。海外市場部分，中國股市下跌 1％，日本股市也受到拖累。標普期貨上揚 0.50％，那斯達克則在財報利多與利率穩定的帶動下上漲 1％，儘管市場仍存在衰退跡象。您還想知道其他事情嗎？」

「目前這樣就好，謝了。」

麥拉看一眼他的交易螢幕，就能看見莎拉報告的所有資訊，但他還是喜歡以跟莎拉對話，展開一天的工作。莎拉能夠在幾分鐘內，讀取上百萬條數據、分析報告、新聞文章、新聞稿和財務報表，事實上她一直都這麼做，也總是跟上最新的資料。

有了這樣的數據和背景資訊，她可以快速判斷出市場的走向、若是發生什麼重大改變會如何，以

及麥拉最感興趣的主題，當然，這也是莎拉透過每日與他談話，自行推論出來的。她可以嘗試推估出價格水準背後的原因，例如人民幣和日圓的關聯，以及穩定利率和股價上升之間的連結。她不會報告俄羅斯盧布的狀況，因為她知道麥拉不在乎，他根本沒有投資那裡的市場；若是他表達興趣，她馬上就會調整，開始報告那裡的情況。

莎拉是理想的數位助理，擁有深達四層的神經網路，並且能夠使用最先進版本的GPT。麥拉很滿意自己不需要琢磨市場數據，就有閒工夫去思索其他問題，包括他的下一次交易。而莎拉也可以提出最佳的投資決策，他甚至只要回答好或不好，就可以完成交易。

好，來工作！我也認為長天期殖利率該掉了。之所以還撐在高檔，多半是因為動能交易者與套利資金撐，這些人做空美國公債、同時持有利率交換的相對部位。問題是即使交換交易（Swap）屬於資

產負債表外的項目,銀行也沒興趣。由於抵押品短缺,很難找到交換對沖,而交換利差又需要持有公債,那就會出現在資產負債表上。這套操作已經玩不下去了,一旦美債殖利率下跌,動能仔就會像破紙箱一樣垮掉,我們的漲勢就會展開。聯絡高盛和花旗,買1千萬十年期債券,並進行隔夜融資。」

麥拉不需要向莎拉解釋自己的觀點,大可以下訂單就好,但這番解釋也是訓練集的一部分,莎拉學習了推理過程後,也學到進行分析的新模式。最重要的是麥拉喜歡有個說話的對象。

莎拉說:「好的。」停頓大約30秒後又說:「完成了。」沒有人知道莎拉下單的另一端是否也是機器人,但這不重要。麥拉現在做多價值1千萬美元的十年期公債,持有狀況是負利差,因為隔夜融資利率高於公債上的到期殖利率,但是麥拉在賭,隨著利率下跌,債券本身有望上漲20%或更多。

他的回購抵押折扣是2％，不過仍保留了現金作為頭寸。他在這筆交易上開了十倍槓桿，如果一切順利進行，他的報酬將會高達200％。當然，如果利率上升，他的股本就要被吃乾抹淨，可能還會虧更多。

「歡迎來到槓桿世界。」他想著。

在市場上不是只有麥拉這樣想，機構投資者和避險基金也都得出相同結論。如今經濟發展減緩、通膨下滑利率卻居高不下，華爾街有一句相當古老的口號：「別跟聯準會作對。」但即使是聯準會，偶爾也會認輸，如果他們準備調節短期利率，長期利率就會像山頂上搖搖欲墜的巨石，隨時會砸下來。

隨著交易日開盤，長天期殖利率下滑，美債價格上漲，股市也開始走高。股票與債券競相吸引資金；如果債券殖利率下跌，股票就顯得更有吸引力。這個轉變足以引發一波股市反彈。

12月2日下午8點30分（香港時間）
道瓊工業平均指數 34,210（前一交易日結束時）

上海浦東新區的大同路上，一棟 12 層樓的建築是人民解放軍 61398 部隊的總部，也稱為 APT1（Advanced Persistent Threat，進階持續性威脅）、注釋組以及拜占庭直言（Byzantine Candor）。比起名稱，這個單位的任務更重要，這裡是中國共產黨的網路作戰神經中樞，已經滲透了原本被認為安全的美國伺服器、從承攬政府業務的公司竊取商業資訊及智慧財產權，同時在敵人與競爭對手的電腦中植入惡意軟體。成功的任務包括幽靈網行動及暗鼠行動，不過還不知道時至今日最成功的行動為何。

61398 部隊和中國的一般情報單位密切合作，這些其他單位規劃出網路攻擊方案後，就會找 61398 部隊來執行。

黃代梁上校走進網路攻擊戰情室中，要他的機

器人簡報紐約股市的開盤情況。

「部分人預期利率會下跌,因此期貨有稍微上漲。」機器人回覆。

「好,如果情況有變立刻通知我。我們需要走跌的盤勢來發動快打行動,時間就是關鍵;不過,我們需要市場本身幫忙。」

快打行動的規劃已經很久,要對主要的美國股市發動網路攻擊,這項行動是為了報復美國在半導體銷售方面制裁中國,以及不讓中國取得先進半導體製造設備。61398部隊會滲透美國大型銀行的訂單系統,由此大量賣出蘋果、Meta、字母控股（Alphabet）、微軟、輝達（Nvidia）、麥當勞等公司的股票。

美國股市表現愈來愈集中在少數幾家公司上,要重點對付的公司清單很短,更容易擊沉市場。偽造的訂單流雖然可能很快就會被發現,但屆時傷害

已經造成,美國官員要在短時間內區分出偽造和真實的訂單,有一定程度上的困難。黃上校所言「市場的幫助」,就是軍事戰略專家所稱的「力量乘數」,如果你打算擊沉正在看漲的股市,上揚的趨勢多少能吸收賣出的損失;如果你等到走勢下跌再出手,賣出訂單就能增強下滑的力道。最好情況是下跌動力會自己愈滾愈大,就像1987年10月19日黑色星期一那次一樣。黃上校已經準備好,就等著力量乘數出現,不過不必等太久了。

▎12月2日下午3點45分(中歐時間)
道瓊工業平均指數 34,552

西班牙馬略卡島(Majorca)上一間俯瞰帕爾馬灣(Bay of Palma)的頂層公寓裡,克里克和格拉茲看著交易螢幕,對當前的行情感到滿意。美國公債殖利率從高點回落,而股市則如預期般上漲。這正是他們一直在等待的最佳條件,天時、地利、人和,萬事俱備!

1 市場的終結

克里克轉而問他的機器人「球鞋」，取名球鞋是因為他女朋友的髮色，總像球鞋一樣繽紛多彩。

「這是轉折點嗎？殖利率真的會掉下來？」

「是，看來確實會如此。」球鞋回答，「市場上這樣的說法已經流傳好幾週了，大部分人認為殖利率已經接近高點，大家都在等一個催化劑，不想要太早投入。催化劑來自紐約的盤前交易，不必費什麼力就能讓股票和債券穩定上漲，但現在時機來了，似乎正蓄勢待發。」

克里克受不了球鞋老愛用些辭藻華麗但毫無意義的形容詞，但還是比自己盯著螢幕好。

克里克和格拉茲相偕走到外面的陽台上，看著整片海灣。

「這可能就是我們一直在等的機會，」克里克說，「已經醞釀了一年，殖利率一直居高不下，股

價過高已持續一段時間，從基本面來看，無論哪一種資產估值都撐不住。該發動了嗎？」

「是，」格拉茲說，「但先別急，再讓市場熱一下，動能愈是往一邊跑，等到市場得掉頭時衝擊就愈大。」

克里克和格拉茲都是操縱市場的高手，他們喜歡馬略卡島的天氣、夜生活和景觀，才把據點設在這裡。他們的伺服器設在剛果，隱身在層層空殼公司、Tor 瀏覽器[4]和連結節點的掩護之後，並且賄賂當地官員，確保公司地址不會受到實體搜查。他們花了兩年在合法的避險基金中進行沖洗交易（wash trades），在匯豐銀行及瑞士銀行建立起信用、取得信任。等發動操縱的時機一到，他們相信交易能夠確實執行，接下來會發生什麼無關緊要，他們拿了錢就會跑，而數位檔案足跡追蹤到剛果基桑加尼

4　一種專為保護用戶隱私和匿名性而設計的網路工具，它就像洋蔥一樣有多層加密技術保護。

（Kisangani）某個河道彎處，就會撞進死巷。

球鞋接到指令：「準備賣出名目10億美圓的標普500指數期貨，在場外做名目10億美元的美國十年期公債，在匯豐、瑞銀及花旗之間操作訂單，用衍生性商品，提供任何需要的抵押品。先不要執行，我們會通知你，只要準備好。」

球鞋說：「沒問題。」

這麼一來，舞台已經搭好了。

12月2日下午4點（中歐時間）
道瓊工業平均指數 34,628

克里克轉身對格拉茲說：「用加密的安全連結通知團隊。」

格拉茲打開一個有端到端加密（End-to-End Encryption, E2EE）的APP，確認其他同事都已經準備就緒。

「好，發布影片。」克里克說。

格拉茲在 APP 中輸入「櫻桃酒」這個字串，不到幾秒鐘就收到回覆：「月河。」兩者都是預先設好的密碼，在數位時代中，就相當於間諜所使用的「一次性密碼本」。克里克和格拉茲的團隊接著會透過各種管道散播一支影片，目的是確保讓主流商業媒體注意到。

克里克看著球鞋說：「執行指令。」

過了大約 30 秒，球鞋說：「完成任務。」

▌12月2日上午10點25分（北美東部時間）
道瓊工業平均指數 34,724

股市開盤即出現一波強勁反彈，很快上漲了 1.5%。債市也同步上漲，市場普遍認為殖利率已見頂。尼克對他在股市與債市的早盤獲利感到滿意，一邊啜著紅茶，一邊思考該讓獲利繼續跑多久，才

是平倉的好時機。他啜飲著紅茶，想著讓自己的獲利要再滾多久才結清交易。莎拉打斷了他的獨處。

「麥拉，你得馬上看看這個。」

「什麼？」

「聯準會主席多威爾今天早上 10 點在紐約經濟俱樂部發表演說，剛剛釋出了一段經剪輯的影片，各大商業頻道都當成新聞快報爭相播出，報導指出主席的評論令人意外，在市場上將造成重大的負面影響。」

麥拉說：「在你的螢幕上播出來。」

莎拉連結到電腦影像輸出節點的數位螢幕上，並播出影片，同時也在個別靜音的螢幕上，播出彭博社、CNBC 及福斯商業等頻道，因為這幾家媒體都將這段影片做成新聞快報。

「影片在這裡。」莎拉說。

多威爾站在經濟俱樂部的講台上說：「聯邦公開市場委員會（Federal Open Market Committee, FOMC）下一次的政策會議是在下週二，幾乎每天都會送來新資料，聯邦公開市場委員會的工作就是要考量這些資訊後，設定目標利率。我們不能肯定地說委員會的政策決定會是如何，但是顯然我們尚未打贏這場對抗通膨的戰役，最近的通膨數據仍比我們預期的更加棘手，而且實質上還比我們目標的通膨率高出 2％。考量到這點，若是委員會在會議上的共識是再升息，也無須感到意外。」

「什麼！」麥拉大叫，「他瘋了嗎？他們這兩年一直在升息，經濟都在衰退邊緣了，所以長天期殖利率才會下跌。這樣會同時害死股票和債券！」

雖然莎拉擁有深度學習層，但是對市場仍是新手，它立刻將麥拉短短的評論語句，加入自己的訓練集。

1 市場的終結

「讓我聽聽 CNBC。」麥拉指示。

CNBC 負責播報聯準會最新消息的記者基斯曼正在評論，主席關於升息的恐嚇，最可怕的部分是他脫稿演出，當天早上在聯準會網站上公布了多威爾的講稿，但其中並沒有關於利率的這段評論，原本安排好的演說是要說明聯準會的監管角色，以及有需要確保較低收入的社群，也能同樣享有房屋抵押借貸的機會。

各大新聞網都沒有打算現場直播，因為這段演講對市場沒有影響，而多威爾突然天外飛來一筆討論起利率，代表有緊急狀況，他必須讓訊息散布出去，同時也表示聯準會內部對通膨的恐懼，必定比市場所認知的更大。

市場接收到了訊息，馬上回應主席的一席話，看起來要起風了。

▌12月2日上午10點45分（北美東部時間）
道瓊工業平均指數 34,030

股市比當日高點下跌了2％，也比開盤時跌了0.5％。同時債券市場跟著快速下跌，因為投資者預期聯準會的政策會改變，便提高了短期債券的利率，另外也導致中間商調升報價利率，以反映出聯準會對通膨的憂心。

基斯曼在影片中聯絡了聯準會並請他們回應，多威爾沒有接電話，因為他演說結束後就搭車前往機場，準備從紐約前往華盛頓；他聯絡法斯特，他是專門負責聯準會政策分析，並協助擬定相關公告與對外新聞稿的人。法斯特是一名經濟學者而非公關人員，但是聯準會想要暗示改變時，會由他撰稿發布政策聲明。聯準會在華盛頓特區的總部位於埃克斯大樓（Eccles Building），理事會議室外長長的走廊，一邊是多威爾的辦公室，再過去幾扇門就是法斯特的辦公室。

1 市場的終結

「法斯特，多威爾為什麼決定要發出升息的信號？市場都亂成一團了。突然丟出個震撼彈，這可不像你們這群傢伙的作風，我還以為你們聯準會是不搞花招的。」

「你在說什麼啊？」法斯特問。

「今天早上的演講影片，多威爾說聯邦公開市場委員會下週可能要升息。」

「演講裡才沒有說這個，我檢查過，提的是監管政策，沒提到利率。」法斯特回答。

「好啊，我們有提到利率的影片，我建議你打開電視看一下，各家新聞台都在播快。」

法斯特和助理打開辦公室的螢幕並提高音量，看見新聞和影片片段，幾乎是不斷重複播放。

「不太對勁，我要先跟多威爾通話後才能評論，他很快就會上飛機，我先找到他再回電給你。」

「好，謝謝，但是要快，如果需要更正，你們得快點送消息出來，市場很快就要沉了。」

▎12月2日上午11點（北美東部時間）
道瓊工業平均指數 33,183

股市這天已下跌了3%，道瓊指數自開盤已經跌了超過1,000點。

逐漸明朗的是，即使聯準會真的要升息，這波賣壓早已不是散戶及基金經理人根據升息風險所做的理性判斷。現在，是演算法接管了市場。一些相對原始的演算法，有內建的停損功能，只要市場跌到某個幅度，就會強制平掉原本持倉的一定比例。如果股市持續下跌，演算法就再賣出下一批，如此類推。

1987年的股市崩盤就上演過類似的劇情，這些演算法會跟著股市一路下殺，當然，它們也會是最後一批出場的玩家。

1 市場的終結

比較新的演算法在科技上更加純熟，但是同樣會造成損失，訓練這些演算法的資料，來自於記錄市場一百多年來恐慌的歷史，因為恐慌是人類的本性，儘管背景原因和觸發點多有不同，在關鍵之處卻都相同。這些演算法可以在恐慌剛形成時，就「事先設想」到最後一幕，其實不是真的思考，而是從最終結果推演出機率。因為所有恐慌都相似，演算法推演出的機率也都一致地警告：快點離開！儘管機器人的編碼複雜，卻只知道一件事：在恐慌裡等得愈久，就損失愈多。

在這場混亂中，缺少了一個 AI 的聲音問：「或許現在有一些被低估的標的可以撿便宜？又或者，我們應該繼續持有，因為市場在崩跌之後有時會迅速反彈。」這些想法，曾經是傳統交易場上資深造市商的直覺反應。他們的工作就是要在買賣失衡時，把市場撐住，讓秩序不至於失控。但如今，那些造市商早已不復存在，而這些市場上交易的機器人中，沒有一絲人類的常識，只剩下：賣、賣、再賣。

51

▎12月2日上午11點02分（北美東部時間）
道瓊工業平均指數 32,851

麥拉面對莎拉說：「夠了，我們要走了。賣掉十年期債券，結清我們所有持股。離開，馬上！」

一分鐘後，莎拉說：「完成，您已經出清債券和持股，股票在高盛的衍生性商品籃中，所以兩項交易應該今日會結算。」

「我們的狀況如何？」

「您使用大量槓桿，所以在十年期債券上損失了大約3百萬美元，股票上也是一樣，目前仍在等待高盛的最終數字，不過您今日的虧損估計約為6百萬美元。」

麥拉聽到損失數字後沉思了一下，這是很大一筆錢，不過他還剩下3千萬美元的現金以及其他非流動資產。他知道在交易中損失金錢，是自然法則

在告訴你要脫身,大多數交易者會選擇加碼攤平,或死抱不賣,以此證明自己是對的,只是市場還沒看清楚他有多聰明而已。而這些人通常就是把一切都輸光、連本帶利都拿不回來的那種人。儘管尼克討厭GPT的回答,老是摻雜沒有實際幫助的修辭,但有一句他一直很重視:

「好,莎拉,留得青山在,不怕沒柴燒。」

莎拉將這句話存進自己的訓練集。

▌12月3日上午12點05分(香港時間)
道瓊工業平均指數 32,358

黃上校緊盯盤勢,這次市場下跌正是他在等待的時機,股價確實走跌了,而且不斷下殺,這股動能會是他攻擊所需要的力量乘數。他的出擊不是為了賺錢,而是為了擊沉市場、摧毀財富。

黃上校轉身向他的下屬說:「發動快打行動,

賣出預定好的股票,透過摩根史坦利下單,用調整型演算法設定訂單大小。」

黃上校針對演算法的指令,說的是另一個深度學習模型,能夠依據要造成多大的市場損害,來決定每次下單的最佳大小。在市場中,變化往往發生在邊際,不一定要大筆訂單才能造成重大影響,如果市場本身已經在下跌,只要再多加一點點賣壓,也可能讓市場出現實質性的下滑;因為其他參與者看見賣出,會推斷眼前的情況已無逆轉的可能。

61398 部隊採用的是透過反向傳播機制執行梯度下降的 AI 模型,這種方法透過不斷比較預測結果與實際結果,進而自動調整模型參數。模型會依據市場所受的影響持續調整下單規模,如此能夠最有效利用資源,降低被察覺的風險,尤其是避免被從而達到最佳化資源使用、降低被察覺風險的目的。這種結合進階 AI 模型與成熟駭客技術的做法前所未見,而在黃上校的手上,這種技術組合展現

出驚人的威力。

雖然黃上校的賣單會影響市場,他不知道市場本身已經蓄積了多少下跌的動能,他在尋找一個市場疲軟的日子來發動市場攻擊,而他遇見的是 AI 演算法組成的全球網路,雖說並非合作行動,卻恰似同心協力。演算法之間不需要彼此溝通,就能夠協同合作,因為這些演算法的訓練集和神經網路幾乎一模一樣,這些演算法接收到的輸入只有一個:市場;輸出的也只有一個:賣出。彼此之間上百萬條算式、參數和節點,累積成了同樣的行動方案,像極了人類處在驚慌中的作為。

說到底,AI 的發明不就是為了和我們一樣嗎?如今這個想法正發揮得淋漓盡致。黃上校加入這場派對的時候已經晚了,但他帶了更多酒來,裝滿了那一大缸雞尾酒。

於此同時,法斯特和他在聯準會的團隊正急忙

要發布新聞稿,以回應那段多威爾的影片,同時要打電話聯絡上主席本人,確認他的評論。法斯特必須先跟多威爾談談,要他解釋一下那段脫稿的利率評論,否則無法為新聞稿定稿。他們努力要聯絡上多威爾,仍是徒勞。時間正分秒流逝,市場則繼續崩跌。

▎12月2日上午11點45分(北美東部時間)
道瓊工業平均指數 31,815(一級熔斷)

11點45分,道瓊及標普500指數都達到當日下跌7%的程度,觸發了整個股市的熔斷機制,讓全美股票及期貨交易暫停交易15分鐘。交易會在中午恢復進行。

熔斷及暫停交易的目的,是讓市場中的參與者暫時休息,可以互相溝通、分享資訊,或許能夠察覺市場的下跌是否太違反常理,詢問是否該開始買進了。

問題是根本沒什麼好溝通的，多威爾的演說片段已經傳得到處都是，也有人認為股市正是因此而下跌，沒有人發現克里克和格拉茲的操縱，也沒有人知道黃上校的攻擊，甚至他已經駭入了摩根史坦利的訂單輸入系統，更沒有人知道聯準會內部，已經因為這段影片亂成一團。

▍12月2日下午12點（北美東部時間）
道瓊工業平均指數 29,762（恢復交易）

中午，股市重新開盤，在暫停交易期間，賣出的訂單依然能輸入系統，排隊等著重新開盤後就能執行，這一波的賣出訂單包括黃上校行動的那些，湧入系統後讓道瓊及標普 500 指數瞬間下跌。放在其他時候，過去的專家經理人制度或許就能隨機應變，紐約證券交易所內的專家經理人，有特權能夠翻閱訂單簿，同時擁有某些股票的獨家交易權，而為了享有這些權益，專家經理人有義務出手，以平

衡買進與賣出的訂單,並且想辦法維持市場秩序。有時候,這表示在賣出訂單湧入時要買進,而在大眾瘋狂買進時要賣出。專家經理人並沒有比市場大,但是他們提供了某種所需的平衡。

只是那樣的制度早不復存,早期為了平衡市場而存在的關鍵角色,如今已完全消失,只有愈來愈少的活躍交易者,而他們最大的共識,就是不會站在行進的列車前面。

主動交易者的退場,與被動基金的崛起幾乎是同步發生。這些被動型投資產品,大多由電腦演算法操作追蹤某個主要指數,或追蹤一籃子股票組成的 ETF(指數型基金)。當這些標的開始崩跌,投資人紛紛出脫持股,而基金經理人為了應付贖回壓力也會跟著賣出股票,而這波賣壓會促使 AI 決定繼續拋售,加深崩跌。這就是「被動投資者毀滅迴圈(passive investor doom loop)」的風險。如今它與 AI 攜手合作,各家機器人一同競逐墊底。

1 市場的終結

當日道瓊及標普 500 指數在重新開盤的一分鐘內就跌了 13％，道瓊指數在這天下跌了 4,448 點，觸發了二級熔斷，造成第二次暫停交易 15 分鐘。

克里克和格拉茲知道，在二級熔斷結束之後，幾乎馬上就會觸發三級熔斷，散戶和基金經理人都已經陷入恐慌，但真正主導決策的，其實是他們所依賴的 AI 系統。整個市場的交易，早就交由 AI 操作了，根本沒辦法輕易關掉。

他們也知道自己可以在熔斷期間輸入買單。而這些買單幾乎一定會成交，因為市場上幾乎全是賣單。就算市場只開一分鐘，他們也很有信心，這些單一定會吃進去。

「球鞋，」克里克說，「去聯繫那些交易商，告訴他們我們要賣出股權衍生品與十年期公債。要記得告訴他們，我們要以原成交數量進行對沖平倉（pair-off）。價格不用計較太多。他們能把多頭部

位了結，一定會鬆一口氣。然後，要求他們把所有部位換成現金，並且在今天收盤前匯到我們的銀行帳戶。現在就執行。」

球鞋確認了條件後，便開始忙著聯絡交易商。確保在最短時間內，能完成克里克交辦的任務。同一時間，克里克也沒有閒著。

克里克轉而對格拉茲說：「打開跟團隊通話的頻道。」

格拉茲打開手機上的加密 APP。

「發出新聞稿。」克里克說。

「好的。」格拉茲在 APP 上輸入「羅蘋・萊特」，這也是預設好的密碼。

回覆傳來「銀翼殺手」，確認對方已經收到指示，新聞稿正在發布中。

1 市場的終結

▎12月2日下午12點10分（北美東部時間）
道瓊工業平均指數 29,762（二級熔斷）

法斯特終於聯絡上多威爾，他正準備搭上噴射機前往華盛頓。

「多威爾，你看見市場的狀況了吧？」

「看見了，」多威爾說，「但是我一直坐在禮車裡又在等飛機，才剛收到市場崩盤的消息。怎麼回事？」

「就是你啊，媒體都這麼說。他們有一段你早上演講的影片，是你在討論下週可能再升息。我知道那段不在演講稿中，我知道你在經濟俱樂部演講的這種場合，不會脫稿演出。基斯曼打電話來想聽我們的解釋，我告訴他肯定搞錯了，但是我必須先跟你談過再糾正影片內容，我們已經準備好澄清的新聞稿，問題是那段影片已經在網路上瘋傳，不用多說也夠清楚了。」

「我從來沒說過。」

「什麼？」

「我沒有提到利率的事，我根本沒有脫稿，我照著講稿唸、回答了幾個問題、跟幾個人握手寒暄，然後就離開了。說起來這次出席，連重要的行程都稱不上。」

電話兩端都陷入沉默。

然後法斯特說：「影片可能是假的，是 AI 生成的深度偽造影片，這是唯一的解釋。」

多威爾說：「沒錯，但如今已經造成大量損失，你要盡快發布新聞稿，等我到總部會親自向記者說明，我們一小時內就會到。」

「好，我們這就去，我會提醒媒體。」

1 市場的終結

▌12月2日下午12點12分（北美東部時間）
道瓊工業平均指數 29,762（二級熔斷）

距離恢復交易還有幾分鐘時間，在聯準會官方網站的新聞與消息頁面上，貼出了下面的新聞稿：

> 【新聞稿】
> **多威爾主席在紐約經濟俱樂部的演說**
>
> 今日上午，多威爾主席在紐約經濟俱樂部發表演說，從抵押貸款的公平性，談論到弱勢社群的相關議題，在演說中，主席提到接下來的聯邦公開市場委員會會議及委員會，正努力透過提高利率以解決通膨問題，主席表示，雖然委員會的所有決策都要依賴數據而定，政策利率的提升，很可能高過目前市場的期望。這段話並未出現在演說的官方講稿中，卻在現場發言時表達過，也確實代表了主席目前的觀點。

這篇新聞稿完全就是聯準會的語氣，證實了主席在影片中的評論，同時迴避了他們造成市場崩盤的責任。無論如何，這篇新聞稿澄清了，關於影片及講稿內容有所差異的所有質疑，更強化影片的可信度。

基斯曼再度打電話給聯準會的法斯特。

「我剛剛看見你的新聞稿，證實了影片中的說法，我知道一定有內幕，可以評論一下嗎？」

「你不可能看見新聞稿，我還拿在手上，我們才剛準備貼到網站上。」法斯特回答。

基斯曼可以說是朝著電話大吼了：「看看你們的網站！新聞稿已經貼上去了，說影片中多威爾關於利率的談話是真的，就算沒有寫在講稿裡也無關緊要，我們要這樣報導，其他人也是一樣。股市兩分鐘內就要恢復交易，如果你沒有要補充什麼，沒關係，但是那篇新聞稿基本上是火上加油，股市會

一頭往下栽，有什麼要補充的嗎？」

法斯特讓一位助理打開聯準會網站，讓他看看那篇新聞稿。法斯特知道那是假的，因為網站的新聞頁面是由他控制，這讓他更堅信多威爾的那段影片，是 AI 深度偽造出來的。

「基斯曼，我知道你很難相信這一切，但我們有十足證據證明，新聞稿與影片都不是真的。我跟多威爾談過了，他確定自己從來沒有談論過利率的事，演講都是照講稿念的，唯一的解釋是那段影片是深度偽造，透過媒體傳播要造成股市崩盤。你看到的新聞稿也是假的，這裡遭受了數位攻擊，我們的網站一定是被駭客入侵了，這篇新聞稿是為了證明影片的真實性，但兩者都是假的。」

基斯曼打斷他：「你是在告訴我，有一段聯準會主席的假造影片、你們網站上有一篇假的新聞稿，同時主席還不見人影，然後你沒有其他證明了？這樣還不夠。我願意報導你的說法，但我們沒有聽到

多威爾本人的說法之前,不會撤下報導,其他新聞網也不會。我們需要真正的主席,在真正的會議室裡面對真正的記者,才能滅掉這把火。」

「你可以在報導裡補充這個,」法斯特說,「我們已經向 FBI 檢舉這段深度偽造影片,他們正在調查,我們現在會聯絡他們,告知這次網站遭駭及假新聞稿的事情。我們已經公告,主席會在 12 點 45 分在總部簡報室召開記者會,派個記者來做現場直播。我們能做的就是這樣了。」

12 月 2 日下午 6 點 15 分(中歐時間)
道瓊工業平均指數 29,762(恢復交易)

克里克和格拉茲正在慶祝,慶賀他們製作的多威爾演講深度偽造影片效果絕佳,他們使用羅馬尼亞非法組織所運作的盜版 Synthesia[5] 作為 AI 生成媒

---

[5] 是一種把文字轉成影片的 AI 雲端服務,它內建上百種人物形象,支援 120 多種語言語音,使用者只要輸入文字,就會有一個 AI 虛擬人物化身成演講者,把內容用擬真的人物影片說出來。

體工具，從多威爾的演講、國會作證和記者會等片段，蒐集了上千小時的聲音，同時也從同樣來源獲得上千小時的影像，還有更多沒有聲音的影片，是在傑克遜霍爾（Jackson Hole）[6]等地方拍攝的片段。

在背景資料上，他們使用了在紐約經濟俱樂部發表過的許多演講片段，甚至加上微弱的回音，就像真正的數位相機在遠處拍攝現場演講時，會出現的聲音。服裝場景堪稱完美，他們在數位世界，完美複製了現實世界中，最能影響全球經濟局勢的央行總裁，讓他演出他從未說過的演講，把這些內容散布給媒體很簡單，因為這場演講根本沒有主流媒體做直播，或進行連線報導，因此很樂意從名氣不大的新聞社得到影片，CNBC、彭博社和福斯商業就像食人魚一樣張口咬餌，接著新聞就自己延燒下去了。

證實影片的新聞稿就更容易了，克里克的團隊

---

6 全球央行年會每年 8 月會在美國懷俄明州的傑克遜霍爾舉行。

直接複製了聯準會風格，連無聊的文字修辭都沒漏掉，然後用傳統的駭客手法張貼上去。時機很關鍵，但是克里克確保發布的時機，完美地與市場反應及他們自己的交易時間同步配合，現在是時候拿好賺到的錢，準備走人了。

「球鞋，我們狀況如何？」克里克問。

克里克和格拉茲是以衍生性商品跟交易商交易，所以未受到整個股市停止交易的嚴格限制，不過交易商仍在暫停交易期間，暫不確認衍生性商品交易，因為他們要靠交易所交易產品，來對沖自己的頭寸。只要恢復交易，交易商就會得到報價並確認配對的交易。

「我們完成了，」球鞋說，「我們在標普 500 期貨及十年期公債債券的空頭部位總共賺了 2.5 億美元，兩筆交易都會在交易日結束前以現金結算。你說的沒錯，他們很樂意平倉多頭。」

1 市場的終結

克里克和格拉茲不是那種會擊掌歡呼的人,在商言商,之後會有時間慶祝。克里克尋思著,賺進 2.5 億美元已經相當於無限的資本報酬了,畢竟開倉所需的原始保證金非常少。

「太好了,將現金轉進 poly 加密貨幣銀行（PolyBit Bank）,這是聯準會系統和加密貨幣之間的連通口,指示他們將現金兌換成泰達幣（Tether）,用這筆泰達幣在 JCN 交易平台買進比特幣（Bitcoin）,然後再把比特幣存進冷錢包,懂了嗎?」

「明白,非常清楚。交易及匯兌完成後我會通知您。」

克里克對格拉茲說:「聯絡團隊,關閉所有東西,清空伺服器,有必要就拿去餵獅子。我們要讓局勢冷卻幾週,然後大家都會好起來。」

克里克知道還有幾個步驟要做,不過這件事看

起來很接近完美犯罪了。他走到戶外的陽台享受溫暖的地中海夜晚，開始認真研究星空。

▌12月2日下午12點18分（北美東部時間）
道瓊工業平均指數 27,368（當日已停止交易）

黃上校和演算法不斷推高賣壓，在交易暫停期間不斷堆積賣出指令。他就像是在打造一座蓄水池，準備在壩體潰決的那一刻，將洪水一口氣傾瀉而出。當市場重新開盤後，只過了三分鐘，三級熔斷就被觸發，整個交易日隨即全面中止。道瓊指數當日收在 27,368 點，跌了 6,842 點，相當於 20％。

紐約證交所及納斯達克股市總損失大約是 10 兆美元，不包括依據這些指數的衍生性商品部位，若是將有銀行抵押品作保的避險基金衍生性商品部位算進來，總損失會將近 40 兆美元，這個數字已經超過所有上市股票總價值的 100％。監管單位和銀行知道他們需要好幾週，才能釐清這次損害的

影響有多廣。

多威爾終於抵達華盛頓，面對現場記者舉辦了記者會，沒有人在乎，這是金融史上最草率收場的時刻。雖說這些假造片段是造成崩盤的部分原因，但崩盤發生後，這個真相便無關緊要。

市場參與者認為 FBI 最終會找出騙局的根本源頭，下一次再出現這類恐慌時，他們會更加謹慎。此時此刻，這些都不重要，財富已經損失，退休生活也不用想了，接下來想必會出現一連串銀行和避險基金破產，這一切才重要，聯準會犯蠢只是穿插的節目。

同步與股市崩盤一起發生的，還有債券市場本身的崩盤。聯準會要提高利率及貨幣政策緊縮的謠言，開始讓人對公債本身的信用產生懷疑。股市低迷時通常會讓人買進債券以避險，現在卻發生了相反的事，這在投資者腦中跨過了一道關鍵的門

檻——利率上升時，美國赤字會增加，因為國庫必須支付政府公債的利息，如此便會將美國債務占GDP的比例提高，甚至超過歷史高點。

交易者認為通膨是脫離債務的唯一方法，這表示在市場上突然全都是賣家時，聯準會會迫不得已成為最後的買家。美國公債部位損失，估計為3兆美元，不過也和股票一樣，要花費許多時間才能計算出衍生性商品、期貨和選擇權的損失。債券市場的槓桿率比股票市場高出許多，因此很容易可以預期總損失會達到10兆美元或以上。

這是證券史上最大的單日損失，而且還沒結束。

12月2日下午12點30分（北美東部時間）
道瓊工業平均指數 27,368（當日已停止交易）

拉瓦爾是紐約證券交易所的技術長，她從早上10點半就開始打電話給摩根史坦利的技術長，因為

那時她的系統便注意到，不斷湧入專注在少數幾家大型股的賣出訂單，似乎就是從摩根史坦利定時發到交易所來，但是在此時亂成一片的市場中，摩根史坦利的賣出訂單送來的時間，卻是如此固定，就顯得異常。

一開始沒有人接聽她的電話，公司的各個層面都發生了太多狀況，最後，摩根史坦利的技術長范卡塔接聽了拉瓦爾的電話。

拉瓦爾說：「我想要確定今天早上貴公司不斷送來的賣單，我們發現有總數極大的下單流，間隔固定時間以相似規模湧入，都是針對同樣七家大型股，看起來很奇怪。交易板上到處有大量賣出，但都不規律，比較像是驚慌逃竄的結果，就是貴公司的賣單特別不一樣，背後是什麼？客戶是誰？」

范卡塔找來兩名助理，將賣單流叫到自己的螢幕上，「我沒有看到妳描述的情況，我看見了即時

更新的行情,但不連續,而且時間戳記也不正常。多告訴我一些細節。」

拉瓦爾讀出她系統上的四筆賣單,都符合她剛剛說的情況。「不懂,」范卡塔說,「我們不知道這些交易,你說的跟我們的記錄不吻合。」

「你不可能不懂,」拉瓦爾說,「這是從你們的系統來的,我們跟你們和買家確認過了,已經完成了,你們必須承受。」

范卡塔陷入兩難。一方面,紐約證券交易所告訴他,他正大量做空市場,通常在市場下跌時,這麼做可以獲利,但沒有人能保證市場不會突然反彈,反彈前若來不及回補,損失會極大。更糟的是,這些空單根本是「裸賣空」(naked short),也就是根本沒有實際借券、直接拋空股票,這在技術上是違法的。那些承接這些空單的買方,雖然今天帳面上是虧損的,但他們可能願意持有這些便宜

1 市場的終結

的大型權值股，等反彈再賣出。

市場上的大贏家是 61398 部隊，但是沒有人知道他們的存在，而且他們也不打算結清交易，他們唯一的目的只有引發混亂，任務已經完成了。

「聽著，」范卡塔說，「我們的系統上沒有這些交易，我們不會交割，我們不知道怎麼回事，這大概要跟我們的執行長談才行。」

「好，」拉瓦爾說，「告訴葛朗姆曼，等著馬汀的電話吧。」葛朗姆曼是摩根史坦利的執行長，而馬汀則是紐約證券交易所總裁，這事態已經嚴重到，必須他們親自談才能解決問題。「同時，我們會向證券交易委員會回報這個狀況。」

這通電話大約下午 1 點接通，馬汀直切重點。

「葛朗姆曼，很簡單，交易是從你們系統來的，已經確認過了，買家準備要結清。如果你們不

同意交割,我們會暫停你們的權限。」

「馬汀,那些不是我們的訂單,這裡出了嚴重的差錯,你們應該取消雙方的交易,等到我們搞清楚狀況再說。」

「不行,」馬汀說,「如果我們取消你們的交易,就會遭遇其他人用各種藉口,要求取消上兆美元的訂單,我們使用這些專用線路是有原因的,你們有責任扛住自己的責任。」

「你們不能把我們停權,我們的客戶資產有6兆美元,他們仰賴我們完成交易,你們這麼做是要將那些投資人踢出市場。」葛朗姆曼說。

「我們要維護市場的健全,或許你可以找你們在高盛或摩根大通的朋友,擔任你們的主要經紀商,我們不管,因為我們會讓他們為這些交易負起責任。如果現在你不能保證履行交易,你們就出局了。」電話那頭靜默了一會兒。最後,葛朗姆曼說:

「我們無法承擔『幽靈交易』的法律責任。」

「好，」馬汀說，「那就停權，我們會通知證交委員會並發布新聞稿。」

一如華爾街的日常，摩根史坦利遭到暫停交易的消息，在新聞稿尚未發布前就走漏了，福斯商業新聞的卡斯柏林諾（Carl Kasperino）報導出來，馬上就產生影響，摩根史坦利的衍生性金融商品同業，在公開交換交易中宣告違約事件，附買回協議交易的對手也拒絕延展融資契約，銀行則以出現重大不利變故為由，削減信用額度。

驚慌的客戶紛紛打電話給自己的專員，要轉移自己的帳戶，AI系統則加速了這些反應，因為這些AI的設計便是要掃描媒體，並且根據上千份經過銀行家、經紀人與客戶簽署的文件、上百萬頁訓練素材，描述著在過去驚慌情況中發生過什麼，接著馬上做出反應。不再需要讓初出茅廬的律師，擠在會

議室裡,二十四小時不休息,閱讀小字印刷的合約附屬細則,如今的法律見解在幾分鐘內就能產生。

到了傍晚,聯準會和聯邦存款保險公司(Federal Deposit Insurance Corporation, FDIC)接管了摩根史坦利,這家公司已實質破產。黃上校聽到消息時仍泰然自若,他的駭客手腳俐落,等到隔天市場重新開盤,就會將他們的交易轉到花旗——假如還能開盤的話。

摩根史坦利事件觸碰到監管機構最深層的恐懼。監管單位對股市崩盤其實並不會太焦慮,因為股市通常很快就會反彈。對市場流動性不足也不會太擔心,他們有能力擔保資產、也可以透過買進證券與提供回購融資(repo lines)灌注資金給銀行。監管單位最大的恐懼是,避險基金、銀行和經紀商接連倒下,這個過程很難察覺,更難以阻止。

避險基金內部知道自己損失了多少,但是他們

1 ── 市場的終結

沒有義務要立即回報結果,通常都是在他們無法拿出主要經紀商催繳的保證金時,才會破產,那會導致主要經紀商賣出資產並結清帳戶。交易對手不一定馬上會知道違約事件,要等上一、兩天才會走漏風聲。

經驗豐富的市場參與者知道即將破產,卻不能夠馬上精準找出受害者。一旦破產程序開始,損失很快會從避險基金,移動到融資頭寸的銀行和經紀商身上,而在倒閉大拍賣中賣出資產的結果,實在很難恢復原狀。串聯下去的結果,會愈來愈糟。

每筆交易都有兩面,在崩盤中有多少贏家就有多少輸家,而當輸家結束營業後,問題就出現了,屆時贏家也收不到利益,於是也成了輸家。就好像你在俄羅斯輪盤中贏得大獎,走到出納櫃台要領贏來的獎金時,卻發現櫃台已經拉下鐵門,賭場也宣告破產,你所剩下的,就只有口袋裡滿滿不值一文的籌碼。

此時，即使股市中的贏家，也可能落入財務困境，因為槓桿的關係，總損失可能超過市場本身的規模。這就如同一片地雷區，而想逃離驚慌處境的銀行開始踩到地雷。

▎12月2日下午4點30分（北美東部時間）
道瓊工業平均指數 27,368（股市收盤）

儘管市場在中午左右就已關閉，虧損卻沒有停止，它們只是從即時行情轉移到了市場參與者本身。多數機構都陷入了資金困境，美國國債市場的主要交易商，資本基礎出現嚴重受損。傑富瑞集團（Jefferies Group LLC）及大和資本市場（Daiwa Capital Markets）都向證交委員會通報其資不抵債（insolvency），預計將關閉業務，留下數十億美元的未結清交易。而這一切，只是開始。

因為紐約發生的事件，東京證券交易所（Tokyo Stock Exchange）宣布在12月3日不會開市，看起

來這樣的公告有可能跟著太陽在地球繞一圈，在新加坡、法蘭克福及倫敦，都會有類似股市休市的狀況。紐約證交所及納斯達克的官員與金融穩定監督委員會（Financial Stability Oversight Council, FSOC）召開視訊會議，出席的還包括聯準會主席、財政部長及證交會主席。

交易所的主管告訴監管者，考慮到龐大的損失程度、積累的賣出訂單、倒閉的實體數量及持續蔓延的恐慌，隔天實在不可能重新開放市場，他們預期會再重演三級熔斷，只是這次會在幾分鐘內發生，而非幾小時，若是不將銀行國有化，並為交易所本身提供擔保，他們也不確定股市能否再重開。隨著這段話逐漸發酵，參與這場會議的人發現，有50兆美元的上市股票，剛剛被換成了私募股權，不具流動性、無法交易，也無法估計其價值。

克里克和格拉茲將自己贏來的獲利，兌換成比特幣，停止運作，並且計畫早上就要離開帕爾馬

灣。黃上校則靜靜等待著時機，準備要造成更多破壞，但或許已經沒有必要了。市場已經無法運作，美國經濟很快就會搖搖欲墜，美國聯邦存款保險公司接管公司的消息宣布後，葛朗姆曼就會辭職。多威爾和法斯特已經無關緊要，他們準備好要提供流動資金，但是歷經 1998 年以來接連不斷的危機之後，這次的新危機已經大到聯準會無法承受，人們不再對於中央銀行具有信心。

▌12 月 2 日下午 6 點 30 分（北美東部時間）
道瓊工業平均指數 27,368（股市收盤）

麥拉啜飲一口黛綺莉雞尾酒，是莎拉從他套房內的共享酒吧裡點的。

「莎拉，」他說，「我們今天躲過了子彈。」

莎拉說：「喔，您沒聽說嗎？我們的銀行今晚 6 點被美國聯邦存款保險公司關閉了，他們提供保

險的存款額上限只有 25 萬美元，帳戶內的 3 千萬美元已被接管處分，僅留下接管證明文件，只能等銀行資產出售後才能贖回，但是銀行的資產減損，如今所有的錢都沒了。」

麥拉整個人都愣住了，愣到此時已經管不了太多，他什麼辦法也沒有，又喝了一口黛綺莉。

「還剩下什麼嗎？」他問。

「只剩黃金。」她回答。

▌誰造成了末日迴圈？

在所有能夠設想出來的案例研究中，這只是其中一種，還有無數其他可能。難題可能出現在外匯市場中，而非股市，1974 年的赫爾斯塔銀行（Herstatt Bank）就是很好的例子。操縱者可能在加勒比海而非地中海，外國的攻擊可能來自伊朗而非中國，攻擊可能從倫敦開始而非紐約，倒閉的招

牌可能是一家避險基金,而非知名的投資銀行⋯⋯諸如此類。這些都不要緊。市場的恐慌有不同的觸發原因,但最後殊途同歸。

恐慌是人類本性的一部分,表現的方式可以預測:賣掉一切、選擇現金、退到外圍,然後等待風暴停歇。很少有人能夠從這樣的建議中獲利,不過所有人都同時做了相同的動作時,系統很快就會崩壞,到最後誰也動不了,每個人都困在同一個末日迴圈。

熔斷機制、暫停交易、政府的樂觀談話及市場參與者之間的交流,可能有一定程度上的幫助,但是緩和恐慌情緒的能力,仍取決於現今的恐慌傳播速度有多快。

在1907年的恐慌中,摩根(John Pierpont Morgan)召集了紐約最大的幾家銀行,到他莫瑞山(Murray Hill)的別墅書房中會面,閂上門後告訴

這些銀行家,除非他們想出一套解救方案,否則就不放他們出來。到了早上,他們想到了。

以現今的標準來看,讓銀行家徹夜釐清問題輕重緩急,似乎太過奢侈,當賣出訂單累積到快過能夠執行的速度,實在沒有暫停喘息的空間,唯一的解方(在價格崩盤後)就是關閉市場。

▌當 AI 也參與其中,金融危機會如何?

雖然金融恐慌並不是新鮮事,AI / GPT 卻是新出場的角色,讓事態的嚴重性呈現指數性成長。這麼說並非批評 AI,畢竟 AI 原本就該這樣運作,要批評的對象是不理解如何使用工具的人類,他們過度倚賴並且在交易過程中,讓工具擁有過多自主性。從上述的情境中,我們可以學到教訓,尤其要提到 AI / GPT 是如何放大這股恐慌,大到超過政府能夠管控的程度:

沒有所謂的幕後主腦；沒有單一團體能夠推動金融恐慌的過程前行，因此光一種方法並無法阻止恐慌。麥拉並不知道克里克和格拉茲準備發動一場謹慎策劃的操縱行為；克里克和格拉茲不清楚中國情報單位要發動惡意攻擊，並且透過 AI 控制的訂單輸入強化力道；中國也不知道運用深度偽造的假聯準會消息，以及一篇駭客貼上的新聞稿，會助他們一臂之力；摩根史坦利不知道自家的訂單輸入系統，已經遭到劫持，最後為時已晚；紐約證券交易所不知道摩根史坦利的賣單都是非法的，聯準會也沒發現主席的聲音及影像，遭人合成並廣為散布，等到恐慌已經醞釀成形才知道。

　　這每一項作為彼此產生共振，造成了複雜理論學者所謂的「湧現性質」，表現出市場崩盤，即使分析師知道其中幾樣因素，卻也沒有人能夠準確預測這樣的結果。沒有人在主導，而是系統就是這樣。

▌AI 提高了效率，也放大了結果

AI 是最終極的共振器。描述以上這些驅動恐慌的因素時，我們漏掉了最有利的成分：AI。銀行家、經紀人和財富管理經理所使用的每一種交易，以及風險管理系統，幾乎都有內建的 AI 功能，只是使用者不見得都理解。這些功能大多數很簡單，也相對無害。

如果交易系統的程式設計是偵測某一支特定股票，若價格降了 2% 便要以輕柔的聲音提醒使用者，那就是一種 AI / GPT 系統，但並不危險。發出提醒之後，由人類使用者來決定要怎麼做。接下來的事情就簡單了，可以為系統編碼，達到下降 2% 的門檻就自動賣出股票，而不必等待人類指示。

交易者認為在變化無常的市場中，停損機制非常寶貴，很慶幸自己不必追蹤每支股票、親自下每個決定。系統很快發展起來，增加新的因素、創造更多複雜性，並取得更高的自主性。

有些避險基金已經會用 AI，依據上千種因素進行買賣的決定，無須人類干預，AI 會運用多層神經網路、深度學習以及上百萬頁的訓練素材。近來的學術研究認為，這類系統的表現會勝過人類分析師及交易者。

▌風險來自於「一致性」

隨著這些系統的數量大增，危險就在於有愈來愈高比例的總資產管理規模，交到由機器人進行程式預設好的交易中。如果機器人的認知就如同人類這般多元，有些機器人傾向規避風險、有些會跟隨潮流、還有一些會逆向思考等等，即使到了這個程度，或許有可能複製出如人類一般的交易生態系，恐懼會與貪婪抵銷，大致上能夠維持平衡，將波動控制在相當程度內。但並非如此。

不過，輸入節點中所包含的大多是相同因素（從商學院、經濟系和華爾街培訓課程學習而

來），根據迴歸分析的邊際權重也大致相同，停損限制也相同（由風險管理師使用管理團隊所要求的標準工具設定），而且輸入內容也一模一樣，因為我們都在同一時間接收到同樣的消息。訓練集是一樣的，從相同的網路頁面搜刮而來，因此產出相同的結果應該不會讓人意外。

▍過度信任 AI 造成的合成謬誤盲點

沒有由上至下的協同合作，也不一定就想要達到這樣的結果，不過所有機器人都唱著同一首讚美詩歌，和聲很優美，市場的結果卻令人恐懼。於是，我們來到：合成謬誤造成盲點。這個概念很簡單，小規模運作時很有效率的程序，將規模放大後就有可能無法運作，甚至造成破壞。這個謬誤指的是經濟學家或工程師，在設計大型系統時，可能無法衡量規模的影響力，有個經典的例子，就是經濟學家凱因斯（John Maynard Keynes）的節儉悖論。

以個人而言，儲蓄可能是精明謹慎的習慣，可以透過複利來累積財富，同時還有可觀的雨天基金以應付意外的緊急狀況；但是若延伸成為整個經濟體的習慣，儲蓄便會抹除消費而摧毀經濟。另一個耳熟能詳的例子是在棒球比賽時，個別的球迷站起來可以看得更清楚，但如果所有球迷都站起來，所有人就都看不清楚了。

套用到 AI 及市場上，謬誤所造成的失能很快就會導致市場的毀壞。從最基本的層面來看，以 AI 運算來幫助一支避險基金選擇股票，在短期內或許能讓該基金賺取更高的利潤；但是，若有更多避險基金使用了相同或類似的 AI，會有更多經理人擠入同樣的交易，那麼利潤就被瓜分榨乾了。在價差交易中，比較便宜的部分變貴了，而昂貴的部分變得更便宜，最後價差就消失了。到那時候，AI 使用者就是市場（其他玩家的出價都被壓過），風險也變得明顯，所有交易持有人紛紛急著退出時，會造成大筆損失。

若是有一大群資產管理者，掌控著價值上兆美元的資產，都採用了相同或類似的 AI 演算法來進行風險管理，就會出現最終極的案例（如前所述）。為某位資產管理者效力的個別機器人，會在股市崩盤時告訴管理者賣出股票，在某些案例中，機器人或許會得到授權，不必人類的進一步干預就能操作買賣。

　分開來看，這對單一一位管理者可能是最佳做法，但總合起來，一連串的賣出訂單而沒有活躍的管理者、專家或投機者送出買進訂單來平衡，就會讓股價一路往下。透過回饋機制造成的放大效應則是雪上加霜。個別的 AI 系統或許有各種不同的賣出觸發點，這些觸發點不會一次全都啟動，但是隨著賣出導致更多賣出，最終會全部觸發，接著觸發自動化程度更高的系統，增加賣出的壓力，如此反覆。機器人之間不會唱反調，而要將情緒建置到系統內，仍處在初始階段。

▋儘管科技日新月異……

　　AI / GPT 已經存在了。前述的崩盤情境中所置入的科技也全都存在，當然，系統一直在進步，如今可以製造出愈來愈多層的神經網路，訓練集也持續擴大，運算能力更是以指數性拓展。AI 在未來會變得更加強大，GPT 的發展也不會止步，但兩者在現今的發展都已經進步到足以執行前述的功能。你的冰箱用 AI 告訴你該換濾水器，你的高性能轎車用 AI 告訴你要減速。Siri 在道路上是忠實的僕人，而 Alexa 在許多人家裡都是令人開心的聲音。若要說到對話、研究及寫作，GPT 的功能性更是超越所有前者。與這些應用程式比起來，根據大量資料的訓練集、過往危機的相關性，再加上不要最後一個逃出火燒穀倉的常識啟發，創造一種演算法來賣出股票，簡直小菜一碟。

　　如前面提到的，危險並不在於單一系統，而是上百萬個類似系統，在同一時間做同一件事造成的

共振效應。不需要什麼科幻小說了。

▌一切不過是數學

我們將數學擬人化。AI的建構是使用神經元（或稱節點）排列成層，作為初始輸入節點、最終輸出節點，或者在路徑中，負責接收輸入並提供輸出到最終結果的中介節點，這些節點能夠連結到更高層的節點，傳遞具有指定權重的訊息；一開始的權重可能是依據專家判斷而直接設定，不過會透過深度學習模型的經驗而微調。輸入或輸出的功能，則是依照工程師想要的事件分類而有所不同，如果他們想要的是二元分類器，就會使用線性整流函式激勵函數（ReLU activation function），將負輸入值視為零輸出。若是其他模型，他們可以使用S型激勵函數將輸出表示為機率。這些基本設計還有許多變化，重點是都可以簡化為數學。

雖然擁有令人如沐春風的男聲或女聲、全心投

入工作,同時(經過足夠訓練後)說起行話也得心應手,GPT機器人背後不過就是數學,當人類和聰明、友善又似乎服從指令的機器人對話時,很難理解到這點。

即使我們知道最好不要,仍會傾向為機器人賦予人類的特質,莎拉看起來既有效率又很友善,球鞋似乎是個訓練有素的男僕,隨時準備好執行命令。這是一種危險的幻覺,一旦我們開始將機器人視為朋友或僕人,依賴就會加深,也更願意讓機器人代為做出重要決定,讓我們更加倚賴沒有靈魂、同情或傷感的機器。將AI應用在市場上有莫大的風險,而我們將機器人想像成朋友,則更加危險。

▋當AI懂得開槓桿

有槓桿的AI很致命。槓桿就是運用債務,或諸多形式的資產負債表外衍生性商品,例如交換交易、選擇權、期貨或遠期契約,冒著可能增加損失

的風險來提高投資報酬率。交易者可以用 1 千萬美元現金買價值 1 千萬美元的十年期美國公債債券，希望會有最好的結果，10％的收益就能獲得 1 百萬美元的利潤（忽略現金的機會成本不計）；或者，交易者可以和主要交易商進行交換交易，交易商會將 1 千萬債券的固定報酬付給交易者，而交易者則付給交易商浮動的隔夜利率，相當於交易商融資債券的成本。

在這個情境下，交易者可能只要拿出價值 20 萬美元的擔保品，也就是所謂的 2％折扣率。如果債券的價值上漲 10％，交易者就能透過重新結算交易，收下 1 百萬美元的利潤，而因為只有拿出 20 萬美元的擔保品，股東權益報酬率就是 400％，相當於無槓桿交易者收益的 40 倍。當然，市場只要稍稍下跌 2％，就會讓交易者損失 100％股本，而若無法及時退出交易，可能還會損失得更多。

槓桿的影響就如市場一樣古老，新鮮的是 AI 系

統學會了那些教訓，系統很清楚，有槓桿的交易者在市場崩盤中的損失積累有多快，甚至會到破產的程度。AI 對槓桿投資組合十分敏感，人類交易者或許會理性分析損失或者使用暫緩退出的策略（在恐慌拋售中作為某種剎車），AI 系統卻不會表現出情緒，一發現麻煩就馬上退出交易，幫助了單一交易者，卻毒害了整個系統。

雖然全面禁止已經太晚，但我們還來得及

該怎麼做？ AI / GPT 在資本市場中的危險性，從前述的情境及分析中可以看得一清二楚，從工程設計或法規方面來看，可以做什麼來緩解最糟糕的情況？

要全面禁止已經太晚了，AI / GPT 已經問世，而且使用率正快速成長，優點實在太多了。即使風險極大而且尚未完全理解也無法放棄。交易者和投資組合經理會運用 AI 找出套利的機會、尋求更便

宜的融資安排、依據人類難以辨識或運算的因素來估算股票價值,並且執行交易的速度比未使用 AI 的經理更快。隨著優點愈來愈明顯,甚至會有人認為,投資組合經理不使用 AI,便是違背了受託人責任。我們又回到合成謬誤,用在個人層面上是優點,但放到總體來看就暗藏危險。

熔斷機制和暫停交易的限制可能緊縮,例如,讓當日股市關閉的三級熔斷可能在下跌 10％時就啟動,而非 20％。在股市大跌的日子,此舉會讓市場更早關閉,可以減少當日的損失,讓交易者和監管者在隔天開始交易前,有更多溝通及協調的時間。不過,這並未解決股市大跌背後的原因,在我們的情境中,是懷抱惡意的行動者、深度偽造、駭客及 AI 共振效應綜合影響的關係,而這些因素都不會因為暫停就乖乖聽話。

採取比較激進的管制,例如禁止賣空及保證金貸款,或許能減緩下跌力道,不過也好不到哪裡,

就像開車在結冰的路面上打滑時用力踩剎車,

煞車會鎖住輪胎,但是車輛打滑可能失控。禁止賣空及保證金貸款就表示,危機比投資者所知的更嚴重,可能引發更誇張的賣出及資產清算。人們必須明白,惡意行為者無論如何都不會奉公守法,不過,合法的主要經紀商是遵循法律行事的仲介,他們可以出手禁止。

能怎麼做?

最有效的緩和技術是運用模控學(cybernetics,亦有譯成控制論),此詞彙源自希臘文 kybernētēs,意為舵手,另一個描述模控學的詞彙是回饋控制,目標是要達到並維持內部平衡,或者處於穩定的狀態。

典型的例子就是家庭室溫控制器,機器會讀取溫度並與家庭暖氣系統連結,屋主將控制器設定在

舒適的溫度，例如攝氏 21 度，室溫控制器監測到溫度降到攝氏 20 度時，就會傳遞訊號給暖氣系統升溫；如果控制器測到屋內暖和到攝氏 22 度，就會提示暖氣系統關閉（或者啟動冷氣）。無論什麼情況，室溫控制器會運用輸入、演算法，並透過數位連結到底層系統，將室溫維持在想要的溫度或接近這個溫度。使用相同的度量將輸入轉換為輸出，就是回饋控制。

若套用到資本市場中的 AI 交易系統上，模控學的運作就會如下：交易或風險管理系統會根據歷史訓練資料，以及逃離火燒劇院的基本演算法來維持賣出的動能，該節點會由更高層的節點修正，依照市場下跌的規模與速度，迫使賣出訂單的規模大幅削減，系統會繼續賣出，但步調會減緩。政府法規會要求所有這類 AI 系統都必須具備內部平衡的節點，如果下跌態勢繼續，演算法會更進一步減少訂單輸入的規模與速度。

模控學不會在結冰的路面上急踩剎車,而是輕踩剎車、兩手放在方向盤上,如同優秀的舵手一般控制住車輛。此舉的目的會類似於暫停交易,但是影響會持續下去,而非稍縱即逝。這套演算法會比較難操縱,合法的交易者與惡意操作者無法預先達到像是二級熔斷這類目標,而會先遭遇持續不斷的逆風,在某些案例中,最後的結果或許相同,不過模控學手段讓人有更多時間醞釀理性的回應,深度學習的 AI 模型,能夠運用梯度下降運算法,修正減緩賣出的速度,以得到最佳的有利影響。模控學並非絕不出錯,卻是更加漂亮的緩和手段,而不是像暫停、禁止與凍結這類粗暴的手法。

　　仍要認清兩件事:AI 對市場的威脅已經存在,而且無法輕易解決。無法認知到這般現實的投資者在股災來臨時,就會吃到相應的苦頭,而股災必定會來。

2
銀行神話的終章

> 雖說通貨膨脹必定是貨幣所造成的現象,
> 但是決定根據貨幣手段來制定政策,
> 這是在預設我們能明確掌握金錢流向的前提下,
> 而這樣的主張已經愈來愈啟人疑竇。

——艾倫・葛林斯潘（Alan Greenspan）,2000 年 6 月 28 日

阻擋不了的擠兌

在第一章，我們描述了使用 AI / GPT 的市場參與者，如何從一開始只是在市場上交易，接著準備操縱市場，最後造成意料之外的市場崩盤，讓肇事者及監管者都無法理解也無法控制，結果就是一團混亂。

在這一章我們會思考，AI / GPT 的其他應用如何造成銀行擠兌，在全面的流動性資金危機中，如何像病毒一般散播開來。為此，我們不必編撰栩栩如生的案例，有最近真實世界中的例子，可以說明銀行擠兌如何發生，同時預示了廣泛運用 AI / GPT 會如何在危機時火上加油。

銀行業中廣泛使用 AI 而且行之有年，大量使用數位客服機器人，只是這些機器人，根本不具備最先進 GPT 模型中的文字生成功能。你走到自動提

款機前要提出 1,000 美元，機器會問你是否需要換成 20 張 50 元鈔票或者 6 張 50 元鈔票、10 張 10 元鈔票及 30 張 20 元鈔票，那就是 AI 在運作。你連結到網路銀行窗口，機器問：「有什麼可以效勞？」接著帶領你進行一連串指令、問題及回答，那就是以 AI 為基礎的數位助理，也是比較簡單版本的 GPT。

▎把錢存在銀行還安全嗎？

在比較關鍵、可能也比較危險的層面，在二十一世紀的銀行系統中，已經將 AI 嵌入了風險管理、交易及決策機制中，GPT 的運用也愈來愈多。過去的資產管理經理，要從監管報告中抓出數據來孜孜計算，然後填入試算表中，來確認某間銀行是否健全。如今只要詢問 GPT 數位助理：「將錢存在艾格銀行（Eiger Bank）是否安全？」數位助理就會掃描上千頁監管報告、新聞文章、訪談逐字稿和華爾街分析報告，以及來自其他地方的資料。事實上，在

問出這個問題之前，可能就有專門負責金融分析的機器人已經掃描過了，接著機器人會運算出常見的比率，例如總資本負債比、現有資產負債比、存款與流動資產比，以及美國國庫證券與總資產比，機器人會查看聯準會的存款超額準備金規模、呆帳準備金的變化、利差及股本報酬率等，同時也會注意過往監管的紀錄、罰金與處罰、審計人員的近況變化、未決訴訟和更多資訊。

最先進的 GPT 模型能檢視訓練集中那些不太明顯、卻至關重要的新指標，例如「未保險存款占總存款的比例」，這正是預測銀行擠兌風險的關鍵。儘管擁有龐大的訓練資料與開放資源，加上強大的模型與運算能力，這段數位盡職調查可能在幾分鐘內就能完成，此時機器人會回應：「不安全。」並附上一份二十頁的研究報告詳述理由。因此，只要找到某家機構能讓機器人判定為「安全」，資產管理經理就會選擇把資金放在那裡。

▌懂速讀的剽竊者如何偷走你的錢？

在一定程度上，和機器人分析師有這樣的交流很有效率，人類分析師可能也會對艾格銀行，得出同樣的結論，不過要花上好幾天，收集同樣的文件、計算同樣的比率並思考同樣的風險。這個情境中的 GPT 只是懂得速讀的剽竊者，這是一位退休的科技巨頭 CEO 向我形容 GPT 時的用法，我覺得意外貼切。但是有時候想要快速完成工作，你所需要的也許剛好就是一個會速讀的剽竊者。

如果有上千名資產管理經理，他們負責的投資組合價值達到數十億美元，而同時使用了相同的科技，危險就出現了，GPT 助理會在每一件關於艾格銀行的案例中，得出同樣「不安全」的結論，有存款的人很快就會領出，而要找地方存放資金的人就會另覓他處。正如海明威（Ernest Hemingway）的經典名句[7]，一開始很緩慢，接著突然間爆發，銀行擠兌便悄悄展開。

2 銀行神話的終章

我們許多人都還有鮮明的記憶,看過 1930 年代那些顆粒粗糙的黑白照片裡,把錢存在銀行的人們穿著大衣、戴著費多拉帽在街上大排長龍,等著進去瀕臨破產的銀行要領出自己的錢,而大多數人還沒來得及進去,銀行大門就永遠關閉了。

在過去沒有存款保險的時候,你的錢就這麼沒了。那些照片是真的,在美國大蕭條期間有上千家銀行倒閉,金融困境在 1933 年冬天達到高峰,而且情況實在太慘,當時剛上任的總統小羅斯福(Franklin D. Roosevelt, 1882-1945)發布行政命令,關閉了國內所有銀行,並委婉稱為「銀行公休」。

---

7 海明威的著作《太陽依舊升起》(*The Sun Also Rises*)中,角色比爾(Bill)問另一人麥克(Mike)是怎麼破產的,麥克回答:「兩種方式,緩慢的,接著突然就發生了。」

▍就在按下按鈕的瞬間,錢就沒了

比較少人知道的是,在許多案例中,銀行管理團隊的內部人士及其友人,有時間在消息傳開前,把錢從即將破產的銀行中領出。當時還沒有社群媒體,卻有口耳相傳,只要傳出銀行破產的謠言,很快就會在左鄰右舍間散播開來,然後就開始大排長龍。那時候,內部人士已經把現金藏進家裡的保險箱,或塞在床墊裡,那些衝去排隊的人,都是最後一批聽到消息的人。

自1930年代以來,科技已有長足進步,但其中的動能並無不同,只是更快了。內部人士仍然會比大眾更早知道怎麼回事,先一步挪走自己的錢,或拋售破產銀行控股公司的股票。不會再看見人龍從銀行門口排到街口轉角,取而代之的是銀行陷入困境的消息,會馬上透過簡訊及抖音傳出去。你發簡訊給另一位科技新創公司執行長,要他把錢挪走時,連結到你iPhone上的AI會搜索以詞元(token)

形式存在的虛擬文字雲,在你還沒輸入之前就建議了「銀行擠兌」,當你輕點文字提示、按下送出,警告就出去了。你的朋友一收到簡訊,打開該家銀行的企業版 APP,輸入密碼後將 100 萬美元轉到美國銀行(Bank of America,認為這家銀行「大到不能倒」)。

從收到你的警告到朋友完成轉帳,這之間只花了幾秒鐘,聯準會的 Fedwire 資金移轉系統就會為你安排好一切,過了大約一小時,資金就能在美國銀行存取了。就像針對艾格銀行的研究報告一樣,這一切看起來十分乾淨俐落,最重要的是很方便。

▎當這個小動作被 AI 放大……

客戶、媒體及監管者所忽略的,至少一開始沒發現,是這個過程有多麼快、範圍多麼廣泛。如果你很快收到警告,也馬上發簡訊給朋友,可以肯定同時間還有上萬則類似的警告,於是會發生幾十億

美元的轉帳,銀行的現金在幾小時內就會被搬空,而證券賣出的速度不夠快,或者數量也不夠多,不足以支應這樣的現金需求,銀行在一、兩天內就關上了大門。銀行擠兌的第二天,在北美東部時間下午 6 點,美國聯邦存款保險公司發布新聞稿,稍微修改了這次倒閉的銀行名稱及日期,向存戶再三保證他們的錢很安全。

▎銀行倒閉的骨牌效應

麻煩的是無論銀行有多大,擠兌從來就不只是一家銀行的事,就連高盛及摩根史坦利都在 2008 年 9 月要靠政府紓困,兩家銀行幾乎立刻轉換身分成為銀行控股公司,才有資格獲得聯準會流動性融資的便利性——若在非緊急狀況下,這樣的身分轉換可能要花費數年才會完成。

現實是銀行倒閉會傳染,一家銀行倒閉了,會讓存戶質疑起自己的銀行,要求提領現金或者轉帳

到貨幣市場基金。無論有沒有存款保險，銀行擠兌的騷亂會在系統內，不斷重複上演，就像1933年那樣，不必等上太久，人們就會開始懷疑，美國聯邦存款保險公司的償付能力，認為存款保險不過是空洞的承諾。

這一切都不是假設。1998年9月28日，金融界曾經面臨在幾小時內，就要關閉所有交易所，最後長期資本管理公司（Long-Term Capital Management）的救助資金到位才解決；2008年9月，各家銀行紛紛像骨牌一般倒下，宣布破產了，到最後聯準會才宣布全額擔保，並且將經紀業務轉換成銀行業務。現在與過去不同的是，市場參與者的四周籠罩著數位應用，包括AI、攜帶式裝置、無線通訊、社群媒體、簡訊，以及將決策權委託給GPT，馬上就會散播出人人已知的訊息：拿了錢就跑。

監管者還是沒有從1998年及2008年學到教訓，所謂的聯準會賣權，就是投資人認為聯準會在

市場低迷時，會買進證券，而這個制度仍盛行不衰。監管者讀到了 AI／GPT 的相關資料，卻仍不理解其力量。

銀行擠兌並不是資本率和流動性的問題，而是關乎信心及心理。瑞斯頓（Walter Wriston）是二十世紀繼摩根後的第二大銀行家，他曾經告訴我，銀行不需要資本就能順利運作，他們只需要同業存款，也就是歐洲美元能執行業務並履行義務。確實，只是要注意：若是銀行本身失去了信譽，歐洲美元市場也可能會崩潰。

這一切教訓及終結困境的相對實用性模型，都能從 1907 年的市場恐慌中學到，只是監管者已經忘了這些教訓，而發出簡訊告知交易者要快速挪動資金的科技專家，也看不見過去的案例。

以上事實告訴我們一個結論，金融體系真正的脆弱點，是在投資市場信心崩潰後所引發的連鎖反

應。AI與即時通訊技術雖提升資訊效率，卻也可能加速恐慌擴散，讓擠兌在幾分鐘內爆發。

▍AI如何摧毀銀行神話

銀行體系的本質原就脆弱，如今更是易碎，我們所面對的危機已經進入倒數階段，而這個危機會大到就連聯準會也控制不了，可能已經在加州聖塔克拉拉（Santa Clara）展開。

金融圈還未完全從矽谷銀行（Silicon Valley Bank）倒閉的衝擊中恢復過來，這次倒閉就是真實世界的例子，示範了在AI／GPT時代中，密集的連結及複雜的動能會如何導致銀行系統崩毀。

矽谷銀行是設於聖塔克拉拉的商業銀行，受到聯準會監管，並受保於聯邦存款保險公司，是第一家因AI／GPT增加擠兌力道的銀行。2023年3月10日星期五，聯邦存款保險公司突然關閉矽谷銀

行，將部分存款轉移到，由監管者控制的新成立銀行，還大動作消滅大筆存款，並且開始出售銀行資產以償還債權人。

至少，3月10日那天，聯邦存款保險公司是這麼說的。2023年3月12日星期日，故事翻轉了180度。聯邦準備系統、美國財政部及聯邦存款保險公司發布了聯合聲明，表示存款不會全數消滅，所有存款無論金額大小都有完整保險，聯邦存款保險公司的25萬美元保險限額已經解除了，現在沒有限制。有些帳戶在矽谷銀行的存款多達30億美元，政府實際上是在說「沒問題」，承諾會保護全額。

在那個週末的緊急應變措施當中，有一部分是聯準會創立了銀行定期融資計畫（Bank Term Funding Program, BTFP），這項計畫讓任何銀行都能夠將自己的公債債券及抵押貸款證券，送到聯準會換取現金，即使證券的市值低了30%，都能換到面額的100%現金。名目價值為10億美元的債券，

即使當時的市值只有 7 億美元，都能以原始價值質押給聯準會，這筆未足額抵押的貸款期限是一年，且利率極低。

等到 3 月 13 日星期一塵埃落定之時，出現了幾個重大發展。這次緊急救助更勝於 1980 年代的儲貸危機（大約 1,500 億美元）、1998 年的長期資本管理公司救助（大約 40 億美元）、2008 年全球金融危機（在聯準會的資產負債表上，增加超過 4 兆美元），以及 2020 年的疫情恐慌（聯準會資產負債表增加超過 6 兆美元），這是歷史上最大的金融紓困。

2023 年 3 月 12 日的紓困不只是為矽谷銀行紓困，而是為超過 5 萬名矽谷銀行的存戶以及超過 1,700 億美元存款紓困，是為了救助矽谷銀行的客戶、員工、供應商，乃至於矽谷和全世界整個高科技新創生態系，這是為了救助那些，新創公司的億萬富翁及強力創業投資公司。同時，雖然這或許並

非聯準會的本意,其中也包含了投入 1 兆美元為加密貨幣市場紓困。

這個故事並非曇花一現,矽谷銀行倒閉的漣漪效應將持續好幾年。在複雜的動力體系中,包括銀行業及資本市場,無法事先知道,接下來倒閉的會是哪間公司,但一定會迎來倒閉潮。

▎AI 不是故意的

釐清這些事件的時間軸,讓我們在腦中建立一個基本架構,來思考紓困案中更技術性的層面、事件背後發生的腐敗,以及在下一階段的市場恐慌中,AI / GPT 將會扮演什麼角色。

矽谷銀行倒閉事件,是在柏南克(Ben Bernanke)及葉倫(Janet Yellen)擔任聯準會主席八年來,皆實施零利率政策(2008 年至 2015 年)的苦果。零利率政策及伴隨而來印製的 4 兆美元鈔

票，稱為量化寬鬆，創造了一個新時代，投資人為了尋求收益，不得不將儲蓄轉而投入風險更高的資產中，例如股票、房地產及新興市場產生的資產泡沫，而這些泡沫又因為以利差交易及衍生性商品掛勾的借貸款項，不斷被放大。沒有人在乎利率提高及貨幣緊縮的可能性，那似乎已經不在考慮範圍內，投資人的動力都來自「別無選擇」（there is no alternative, TINA）及「錯失恐懼」（fear of missing out, FOMO），而這些正是 AI／GPT，無法輕易學習或理解的主觀性行為因素。

針對矽谷銀行事件的逐日記載，是從 2023 年 2 月 27 日開始，這天矽谷銀行總裁貝克（Greg Becker）拋售了 350 萬美元的矽谷銀行股票。同天，該銀行的財務長貝可（Daniel Beck）拋售價值 57.5 萬美元的銀行股票。兩位高層主管都聲稱這些交易，是依據證券交易委員會所允許的事先披露計畫進行，不過矽谷銀行的未實現損失（當時大眾尚

不知曉）可以回溯至多年前，因此事先安排的出售計畫本身，可能是為了掩飾他們兩人都知道即將發生的事情。當時，那些賣出的矽谷銀行股票價格，大約是每股 290 美元，現今已經一文不值，內部人士及時抽身。

敲響警鐘

2023 年 3 月 1 日，信用評等機構穆迪公司（Moody's）致電矽谷銀行的管理階層，告訴他們穆迪在考慮降低該銀行的信用評等，此舉在矽谷銀行內部敲響警鐘，管理階層知道信評降等，可能引發一窩蜂的提款潮及股價下跌，貝克馬上打電話給高盛，討論一套財務救助計畫，希望可靠的計畫，會讓穆迪在降等一事上回心轉意。

以最簡單的方式說明，矽谷銀行的問題是典型的銀行失誤，他們借入短期資金並放出長期資金。以矽谷銀行的案例來說，這表示向客戶收進短期存

款,將其投資在國家長期公債,以及最高 30 年才到期的債券。到了 2022 年 12 月,矽谷銀行的客戶存款有 1,730 億美元,貸款 740 億美元,以及 1,200 億美元的證券。

這批證券包括 910 億美元的持有至到期證券(held-to-maturity, HTM)帳戶,還加上 260 億美元的可供出售帳戶。可供出售的證券必須以市值計價,以反映出市場價值變化,而持有至到期證券帳戶則不需要以市值計。大型銀行的標準是 6%。持有至到期證券的概念是說,如果你持有證券至到期日就能收回全部的錢,因此可以安心忽略價值的每日波動。矽谷銀行便徹底利用這條規則,好拋開積極管理市場風險的責任。

不過,銀行還是需要對所有資產進行某些風險管理,包括其持有至到期證券帳戶,銀行本應如此謹慎行事。矽谷銀行完全沒有風險管理,該銀行的風險管理員職位懸缺了六個月,導致最後的敗局。

英國的風險管理主任,耗費大量時間在多樣性議題上,似乎沒花什麼時間在做風險管理。矽谷銀行的存款利率一度高達 4.5%,而當時大多數美國人能拿到 1% 都算運氣好,再一次證明了該銀行的風險管理相當魯莽。

▎矽谷銀行不小心就倒閉了?

結果,矽谷銀行似乎沒有發現,隨著聯準會在 2022 年 3 月開始提高利率,其債券的價值就會下滑,這是最基本的債券數學。矽谷銀行仰賴持有至到期證券的會計規則,認為既然會計上沒有按市值計價,就能隱藏起這 910 億美元債券造成的損失。

結果在銀行開始流失幾十億美元的存款時,這個計畫失敗了。不曉得是存款大戶有內部消息,或聽說了穆迪威脅要降等的事,不過禍首似乎就是消息外流。存戶提領的款項非常巨大,矽谷銀行只能賣掉價值幾十億美元的債券,才能應付提款的義

務，而一開始賣出，就要適用按市值計價的規則，損失很快就會曝光。

3月3日至5日這個週末，矽谷銀行、穆迪及高盛馬不停蹄地規劃出援救計畫：矽谷銀行會賣出200億美元的低收益債券，將這筆收入再投資於新發行的較高收益債券。銀行賣出持有至到期債券時，便不再適用不按市值計價的規則，銀行必須馬上確認其全部損失，結果債券的帳面損失是18億美元。因為矽谷銀行是上市公司且受到嚴格監管，這筆18億美元的損失必須向大眾報告，於是他們在2023年3月8日星期三，公開揭露這件事。

矽谷銀行打算新發行一批25億美元的股票，以填補資產負債表上，這塊18億美元的缺口。高盛找來私募股權巨擘泛大西洋投資集團（General Atlantic），為此投資5億美元，還有其他潛在投資人也在討論要買進更多。接著，穆迪在3月8日宣布信評降等的消息，但是因為賣出債券，也進一步

再拋售高盛計畫中的再投資部分，最後只有輕微降等。矽谷銀行和高盛抓緊時間要完成籌集資金，好緩和債券投資組合損失造成的傷害。

▋人算不如天算

遺憾的是，籌集資金的計畫失敗了，原本希望在 3 月 9 日星期四市場開盤時，宣布完成集資，但是矽谷銀行無法拿到簽署的保密協定，好讓潛在投資人可以檢視帳目，投資人說考慮到星期三損失的規模，他們需要多一點時間進行盡職調查。

同時，星期三的損失公告讓矽谷銀行的股票在盤後交易時，從每股 268 美元重挫到 172 美元。週四開市時，股票跌到每股 106 美元，從週三收盤起就狂跌了 60％。高盛還希望能夠在每股 95 美元時成交，但為時已晚，股票在納斯達克停止交易，泛大西洋投資集團也從交易中抽身，股票發售便失敗了。

創投與其他公司，都催促投資的新創公司盡快將錢從矽谷銀行中挪出，光在星期四就被提領了420億美元的存款。2023年3月10日星期五，加州的銀行監管機構，用最快的速度關閉了矽谷銀行，並指定由美國聯邦存款保險公司接管。

美國聯邦存款保險公司當天發布新聞稿，說明只保障25萬美元以下的帳戶，其他存款都不復存在，存戶則會收到接管憑證，這些憑證如何分配，取決於美國聯邦存款保險公司未來出售資產的情況，這個過程可能花上幾週或幾個月，而且憑證不具流動性，價值也不明。未保險的存款就直接沒了。

先自救還是先紓困？

接著，就像吸血鬼德古拉一樣，存款死而復生了。要解釋這點就必須知道在銀行恐慌的情況下，紓困及存戶自救之間的差異。

矽谷銀行倒閉後，很快在其他各地發生了銀行擠兌，這件事有一個相當有趣的面向，那就是全球的銀行監管機構，他們很快就放棄了，細心規劃的內部自救規則，轉而恢復結合自救及傳統紓困的混合手段，看起來非常怪異。原本預期如此能獲得短期的平靜，真實的結果卻適得其反，使銀行存戶完全陷入疑惑，更進一步對銀行系統失去信心。

要解釋內部自救與紓困之間的差異，讓我們先回到2008年至2014年那段期間。在2008年金融危機後的餘波之中，2014年11月的G20高峰會上，制定了金融監管的規範，而矽谷銀行則首先應用這套規範。

2008年有許多人大力抨擊政府，指責他們用納稅人的錢為銀行總裁紓困，這些人明明賺了幾百萬美元，而且他們的銀行根本經營得好好的。為了回應人民，G20高峰會上同意在未來的金融危機中，不會再用納稅人的錢來紓困，取而代之的手段是內

部自救，意思是在銀行破產的情況中，股權會先被消滅，接著超過保險額度的存戶資金，會被轉換成不確定的請求權。美國的銀行儲蓄保險是每筆存款25萬美元，在歐盟則是每個帳戶10萬歐元，只有被保險的帳戶才有完整保障。

系統性問題與漣漪效應

矽谷銀行有93％以上的存戶，都超過了保險額度，這表示根據美國聯邦存款保險公司，於2023年3月10日發布的新聞稿，那些存款都沒了，同時也符合G20的存戶自救計畫。存戶會從美國聯邦存款保險公司拿到接管憑證，根據其出售資產後能夠收回的錢，可能值一點錢也可能一文不值。

要確認矽谷銀行的損失規模會花上好幾個月，而要出售資產則要等一年以上。到最後，存戶的1美元可能收回90美分，也可能是10美分，這些在美國聯邦存款保險公司，計算出矽谷銀行資產負

債表上的窟窿大小之前,沒有人知道。將資產以低價賤賣後,資產價值會跌得更低,損失可能會再次擴大。

系統性問題是,那些損失掉的矽谷銀行存款,代表上千家科技新創公司,更甚至是處於早期發展的科技公司,他們握有的創投投資及流動資金收支,這意味著這些公司失去這筆錢,會沒有多餘的現金,也就發不出薪水、無法付租金、不能付款給賣家或者經營生意,這些科技公司可能會倒閉,好幾萬人會失業,而漣漪效應就會由此擴散出去。

矽谷銀行散播傳染的問題很有趣,也讓人搞不太清楚,大家都煩惱著其他銀行會破產,不過他們造成的影響遠遠不僅如此。

仔細想想:美國聯邦存款保險公司低價賣出資產,以償付債權人時,矽谷銀行在投資組合中,持有的矽谷公司與世界各地科技巨頭,都會發現自家

股價下滑,而買家知道美國聯邦存款保險公司急著要籌措現金,便會降低出價。

拋售資產的速度有多快,以及能從中賺回多少,兩者之間存在著不健康的拉鋸,通常速度愈慢愈能賣出高價,但是徐徐圖之,可能會勒死新創公司。幾大創投公司都警告新創公司,如果他們損失了在矽谷銀行的資金,便不會再從創投公司拿到新的融資,而是會破產。

▌那只是一場「玩笑」

美國聯邦存款保險公司宣布,讓存戶自救的消息,這造成眾人恐慌了48小時,結果北美東部時間3月12日大約下午6點,聯準會、美國聯邦存款保險公司及美國財政部發表聯合聲明,表示一切只是一場玩笑,他們放棄了自救規則,而是由監管機構宣布,矽谷銀行的100％存款都會受到完整保障。

紓困又回來了。2014年討論出來的自救規則發布了9年,一直到現在才有執行的機會,結果僅僅兩天就被束之高閣。

▌新創得救了,損失卻由人民買單?

這顯然是為矽谷紓困,但故事不僅於此。美國聯邦存款保險公司放棄25萬美元的保險額度後,將錢存在矽谷銀行的科技新創公司、甚至發展成熟的公司都得到紓困,而那些公司有自己的投資人(大型創投公司與高淨值人士),他們莫名成為紓困中的真正受益人,不必承受這些投資損失。

不僅如此,整個銀行業系統都靠著3月12日的聲明而得到紓困,因為聯準會邀請任一會員銀行,交付價格下跌的公債及抵押貸款證券,就能獲得債券完整票面價值100%的現金,儘管有許多債券以市價來估計都已經嚴重跌價。聯準會、聯邦存款保險公司及財政部一連串的操作,使得他們在紓困議

題上的可信度蕩然無存。更遑論,矽谷銀行的紓困規模龐大,主要受益的都是科技企業家、有錢的投資人及銀行。

財政部長葉倫說紓困未用到納稅人的錢,這句話不是真的,有兩個線索可以佐證:250億的紓困金來自匯率穩定基金(Exchange Stabilization Fund, ESF),該基金創立於1934年,是美國聯邦儲備局以每盎司20美元的價格,徵收了美國平民的黃金,重新標價為每盎司35美元,這是當時政府,從美國人口袋裡收取的75%加成利潤。自此匯率穩定基金不斷成長,而財政部可以不必經過國會授權就使用這筆錢。

更重要的是,剩下的紓困金來自美國聯邦存款保險公司的保險基金,這筆基金遭到矽谷銀行及其他紓困案嚴重耗盡,因此決定增加銀行的美國聯邦存款保險公司的保險費,銀行則會透過降低利率或提高手續費,將這筆保險費成本轉嫁到客戶身上。

所以到頭來，總是美國平民在付錢，這筆費用只是透過美國聯邦存款保險公司洗了一輪。

▎連瑞士銀行都不可靠了

這次新的銀行危機，絕對不僅限於加州科技業。2023 年 3 月 16 日，長時間苦惱於貸款損失、客戶詐欺及粗劣的風險管理，瑞士信貸集團（Credit Suisse）收到了來自瑞士國家銀行（Swiss National Bank, SNB）的一筆 500 億瑞士法郎（約 540 億美元）過渡貸款，希望這筆貸款能讓該集團，在考慮其他措施時可以保有資金流動性。3 月 19 日星期日，瑞士國家銀行突然無預警宣布，瑞銀集團（UBS）與瑞士信貸合併，瑞銀集團僅以其最高股價的 1% 收購瑞士信貸，瑞士信貸的股東大多慘賠收場，不過確實從瑞銀集團獲得了 30 億美元的微薄收益。

瑞士信貸所造成的金融損失，不只是出現在股

東身上,畢竟在這類破產事件中,股東都會受害,特別還有一種銀行資本遭到消滅,稱為額外一級資本債券(Additional Tier 1, AT1),主要是以所謂的 CoCo 債組成,也就是「應急可轉債」,CoCo 債是高收益債(也稱為垃圾債券),銀行陷入困境時就會自動轉成股權,而若是銀行能存活下來,那或許是可接受的結果,但若銀行破產,CoCo 債就會跟著其他股權一併消滅。

瑞士信貸的 CoCo 債持有人損失了 170 億美元,但是從更大範圍來看,額外一級資本債券信用的損失,按市價估計超過 2,750 億美元,因為投資人對這整個資產類別都失去了信心。

這事件中受傷最重的,可不只是一般投資人。瑞士信貸的 CoCo 債淪為壁紙後,損失最多是太平洋投資管理公司(Pacific Investment Management Company, PIMCO)的 8.7 億美元,以及景順投信公司(Invesco)損失了 3.7 億美元。看到這裡就會

發現,瑞士信貸 CoCo 債的損失,混合了內部救助手段(因為沒用到納稅人的錢)及紓困手段(因為在 CoCo 債垮掉之前,股東尚未全數被滅),但這麼做的結果,只會在下一間銀行破產時,讓人對於發生的事情更摸不著頭緒。龐大損失及不明結果的漣漪效應,仍不斷散播出去,影響著整個國際銀行體系。

▍崩跌範圍擴大

崩跌範圍繼續擴大,可以說是從 2021 年 11 月的比特幣開始,一路跌到 2022 年 11 月,已經下跌 78%,引發了教徒口中所謂的「加密貨幣寒冬」及加密貨幣界的一連串破產,破產的包括加密貨幣避險基金三箭資本(Three Arrows Capital)、經營加密貨幣交易及監管的創世(Genesis),以及另一家加密貨幣交易及監管公司 FTX,還有與 FTX 有關的加密貨幣避險基金阿拉米達(Alameda)。

隨著這些機構接連破產，更大問題是加密貨幣的破產潮，是否會波及主流銀行業。如果金融病毒僅限於加密貨幣界，會造成重大損失，卻不會發生全面性的金融恐慌；若是病毒擴散到主流的金融管道，症狀就會更加嚴重。

2023年3月8日，我們的這個問題有了解答，銀門銀行（Silvergate Bank）宣布申請破產保護，銀門就是將病毒從加密貨幣界，引入主流銀行界的橋梁。銀門是一家有美國聯邦存款保險公司保險，而且遵循銀行監管法規的主流銀行，同時也因加密貨幣交易而身陷困境，包括加密貨幣借貸，還有儲存在破產加密貨幣交易所的資金。

銀門銀行關上大門並宣布進行有序清算，此舉正式宣告加密貨幣的災情，已蔓延到傳統銀行業中，前面看到的矽谷銀行，正是銀門在主流銀行體系中的第一個受害者。

▌比特幣與泰達幣的共生關係,催化崩盤

所謂的加密穩定幣贊助商,在矽谷銀行中存有大量現金餘額,穩定幣這類加密貨幣聲稱能維持每枚貨幣相當於 1 美元的常態值,贊助商之所以能做到這點,是藉由從貨幣買家收取獲利、發行貨幣,並將獲利投資在銀行儲蓄、美國公債或其他高品質的約當現金中。

兩種最受歡迎的穩定幣,分別是泰達幣及美元穩定幣(USD Coin, USDC)。如果穩定幣持有者想要將錢拿回來,就必須拿出流動資產才能滿足贖回需求,而矽谷銀行中的餘額被視為風險,因此穩定幣開始崩盤。

穩定幣是一個 2 千億美元的市場,也是整個加密貨幣界的骨幹。大約有 70% 想投資比特幣的人,會先買泰達幣,然後再用泰達幣去購買比特幣。如果比特幣持有者需要金援,許多人都必須先賣掉比

特幣去換泰達幣，然後再贖回泰達幣。比特幣崩盤引發泰達幣崩盤，傳染就這麼擴散開來。

要解釋其中的棘手之處，首先便是穩定幣的發行商，從來沒有公開過，自己出售貨幣的獲利投資在哪裡，從來沒有經過審計的財務報表，也沒有詳細揭露。

泰達幣曾有揭露部分內容，其中顯示貨幣資產中，有將近半數投入了商業票據，這是一種未受保障的企業借據，沒有詳細描述商業票據發行者的名稱或品質，於是就可能是發行者和贊助商有所牽連，或者有幾十億美元的資金遭到不當挪用。

如今這些關於穩定幣的擔憂變得更加嚴重。美元穩定幣存在矽谷銀行的現金儲備金額，超過30億美元，那筆錢因此面臨強大的風險威脅。到了3月11日星期六，美元穩定幣的交易價格約在0.85美元左右，考慮到美元穩定幣承諾會一直保有1美

元的價值,這算很大的跌幅,其潛在影響不只是穩定幣的崩跌,而是會拖著比特幣下水,因為人們會發瘋似地尋求美元的流動性。交易所、避險基金和加密貨幣銀行,都可能隨著加密貨幣而倒閉。

▌當AI／ＧＰＴ與人類共同經歷恐慌

我們面對的不僅僅是銀行業的危機或加密貨幣危機,而是這個體系具有遞迴特性,一個世界中發生的危機會影響到另一個世界,同時如漣漪往四面八方擴散開來一樣,再回頭影響來源,衍生性商品、槓桿、加密貨幣、粗劣風險管理及過時的監管者,種種不穩定因素共同造成的複雜結果,就連最精密的AI,都無法分析這種複雜性。但是,仰賴陳舊訓練集的AI,卻可能成為他們的一份子,或在面對前所未見的問題時,在困惑中提出建議而讓危機擴大。

自2008年以來,便沒有見過矽谷銀行這樣龐

大規模的銀行破產,而在此之前,從未有過與銀行危機同時發生的加密貨幣危機。監管者也不知所措,他們在先前存戶紓困的戰場上奮鬥時,並不曉得自己其實在打一場,透過 AI ／ GPT 管道的新型戰爭,在數位空間中對抗加密貨幣恐慌。

想想只要稍微再先進一點的 AI ／ GPT,會如何處理上述那般複雜的銀行破產,或者在不遠未來所發生的類似情況。

在個人層面上,存戶及資產管理經理會向 GPT 尋求建議,指令會很簡單,例如:

> **投資人**:現在銀行系統發生了什麼狀況,尤其是艾格銀行的情形?

> **GPT**:情況很危險。存戶正以最快速度將錢挪出艾格銀行,銀行可能會破產,接下來有很大的可能,我們的帳戶會在聯邦存款保險公司與聯準會及美國財政部合作下,直接被接管。

> 投資人：其他銀行會有危險嗎？

GPT：會，從銀行困窘的歷史來看，危機會從一家銀行傳到另一家銀行，傳播速度幾乎就跟流行病學家使用的模型一模一樣，呈指數性成長。我已經在閱讀其他遭遇類似問題的銀行，所發出的說明，很有可能再過不久，會出現更多的銀行破產。

> 投資人：哪幾家銀行在接下來最有可能會先破產？

GPT：我現在列出一張表，這20家銀行的總資產在1千億美元至9千億美元之間，同時已保險存款占總存款不到30%，不是大眾公認大到不能倒的銀行，因此，隨著如今的銀行擠兌潮持續下去，就有可能會倒閉。

> 投資人：我該如何處理我的存款？

> **GPT**：即使銀行倒閉，政府干預下有可能維持存款價值，不論金額高低，就像矽谷銀行的案例一樣。但是，無法保證會是這種結果。監管人或許會決定這次應該讓存戶學到教訓，要注意銀行的安全性及盡職調查。或者，監管人或許沒有資源能夠為存戶紓困，因為聯邦存款保險公司的保險基金已耗盡。因此最佳的解決途徑，是把存款從我列出的銀行中提出，改存入像是富國銀行、花旗銀行及摩根大通銀行，或者買入公債債券，也可以從與那些銀行有關的經紀商手中，購買貨幣市場基金。

這段對話中 GPT 的部分有點生硬；理應如此，GPT 模型還在訓練當中，雖然在短時間內進步神速，卻還學著如何掌握慣用語的對話。不過我們不應該因此忽略 GPT 所提供的資訊，其背後具備扎實的資料佐證，也符合熟悉銀行擠兌和金融史專家會提供的建議。

新奇的是這個人是與機器人對話，而非找專

家。可以想見,全世界各地的客戶與機器人會重複幾萬次這樣的對話,根據人性及厭惡財物損失的心態,沒有理由認為這些提問會有明顯不同,大概只有少數情況例外;根據演算法及訓練集,沒有理由認為回覆的本質會不同。

可以說,GPT 是在擠滿人的戲院中大喊:「失火了!」而確實也失火了,群眾會互相推擠著想逃出去,有些人會遭到踩踏。這在每一次銀行擠兌中都會發生,只是現在不會階段性上演,而是同一時間一起發作,沒有人屬於「最後才知道」的類別,因為大家都同一時間知曉一切狀況,加拿大哲學家麥克魯漢(Marshall McLuhan)在 1960 年代便預測到這樣的現實。監管機構面對這樣的混亂,基本上毫無準備。

至於監管者、分析師及政治人物,他們自己也會和 GPT 有類似以下的對話:

> **官員**：我們發現眼下從艾格銀行開始發生擠兌，現在影響到其他銀行了。我們應該如何因應？

GPT：有幾種可能的因應方式。美國政府可以擔保銀行系統中的所有存款，並表示願意用現金買下銀行的高品質資產，如此或許可以恢復民眾對銀行的信心並停止擠兌，在矽谷銀行的案例中就是這樣做。或者，您可以依循摩根在1907年金融恐慌期間所實施的模式，此模式類似於檢傷分類，將銀行分成三類：具備償付能力、流動性、有可能熬過這場恐慌的銀行；還有具償付能力但資產缺乏流動性、需要現金才能繼續開門的銀行；最後就是既無償付能力也缺乏流動性資產、若是沒有政府紓困就不可能存活下來的銀行。不具償付能力又缺乏流動性的銀行就任其破產，如此可以將傷害降到最低，將無用的東西清理乾淨後，恐慌很快就會結束。第三種方法則是逐一處理破產的銀行，由美國聯邦存款保險公司接管，希望大眾看見後會感到安心，恐慌便會消退。

> 官員：哪種方法最好？

GPT：摩根的方法大概是最好的，不需要政府介入或動用納稅人的錢。最為強健的幾家銀行要多些承擔，幫助那些值得救助的銀行，而不值得救助的銀行就會倒閉，不過美國平民可以透過存款保險，保下每人最高25萬美元。至於有大筆存款放在體質較虛弱銀行的存戶，他們既然粗心大意便只能損失金錢，如此他們下次就會學到教訓。系統整體的道德風險會降低，而未來發生銀行擠兌的可能性，也會隨之降低。

> 官員：我不能採取摩根的方法，把錢存在破產銀行而有損失的選民，會棄我們的政黨而去，我可能丟掉工作。看起來最好用納稅人的錢，想辦法將危機掩蓋過去，而不會有什麼人理解其中道理。

GPT：很遺憾聽到這樣的話。

在這個情境中，GPT根據訓練集中涵蓋自1340年代佛羅倫斯的巴爾迪家族（House of Bardi）及佩魯齊家族（the Peruzzi family）敗落起，從每一次銀行破產的案例中，提出經過深思熟慮的建議，但制定政策的官員並沒有採納。

GPT的解決方案很實在、公平，長期來看也可能比較便宜，而政策制定者的答案只是短期見效、所費不貲，而且要讓最大的群體（納稅人）損失以嘉惠小很多的群體（未保險的存款人）。此案例中的GPT失敗了，不是因為沒有為更大利益，而提出最佳解方，而是因為政策制定者根本不關心更大的利益。

▍AI複製人類的智慧，也能複製我們的失能

最後也是最讓人不安的一部分，我們該認真思考的是，AI所引發的恐慌，正是市場參與者與監管者極力想避免的，甚至要想到AI模仿了人類的

智力,卻不會感知到我們必須衡量成果及其中的缺點。AI能幫助我們治療某些疾病,卻也會複製極度失能的行為,開發者說他們可以控制這些不利的行為,但是就連行為心理學家對此也不是完全了解,說能夠控制電腦只是空洞的承諾。

要了解其中牽涉到的動態關係,最簡單的就是要明白,銀行擠兌是自我實現預言的結果。除了交易活躍的資產,銀行通常不會按市價來估算資產,利率上升時,債券價值也不會因為市場價值降低,就標得比較低;估值下降時,商業房地產貸款也是一樣的情形,而主權借款人陷入拮据時,新興市場債務也是同樣的道理。有些損失可以透過放款備抵呆帳來調整,管理高層對這筆準備金,擁有相當大的裁量權;即使如此,除非有明顯違約事件,否則都不會揭露整體估價損失到何等程度。

這樣操縱帳目的手法表示,大多數大型銀行基本上總有無償付能力的時候,但是銀行擠兌相對罕

見，無償付能力本身並不是引發擠兌的因素，否則這類事情會更常發生。更好的解釋是缺乏流動性。若是銀行無法應付存戶的現金需求，或者無法在銀行之間或貨幣市場上，為短期債務展期，就很容易引發銀行擠兌。因此在1913年才創立了聯準會，其真正的目的不是要管理利率或促進就業——實際上他們在這兩件事上也都做得不怎麼樣，而是讓缺乏流動性的銀行，還有最後一個可借款的管道。

這一點聯準會做得相當好，正如我們在矽谷銀行倒閉後所見，聯準會創立了以跌價公債債券作為抵押的借貸機構。

我們真正該訓練 AI 的事

若是破產不透明或不為人知，又若是聯準會能阻止缺乏流動性的問題，那麼為什麼銀行擠兌會發生？答案是心理。某天，有些客戶或交易對象相信銀行不會償還他們的錢，於是盡快領出自己的錢或

者結束交易,他們沒有因為聯準會的新聞稿,或管理高層的正面評論,就感到安心,消息散播開來,提款的速度加快,而幾天內有時是幾小時內,銀行就關上了大門。自此,尚無法判定客戶失去的信心是否會波及其他銀行,這個過程稱為傳染,無論有多少資金或評論,都無法阻止銀行擠兌,此事已有了自己的生命。

1930年代,傳染是透過電話、電報及口耳相傳而散播出去;在1990年代傳染的途徑,則是電腦螢幕及電視新聞;2023年,傳染藉由簡訊和推特傳出去。如今的過程比過去更加快速且範圍更廣,這也是聯準會的救助規模,比起過去更大的一個原因,我們現在就站在,破產規模會大到聯準會也無法平復的當口。

AI出現了,下一次銀行擠兌或許不是人類恐慌所引發,而是模仿人類恐慌的AI。一套AI銀行分析程式中,擁有深度多層的神經網路及機器學習能

力,或許還附有 GPT 能夠與人類分析師對話,可以閱讀幾百萬頁關於幾千家個別銀行的財務資料,遠超過任何人類分析師組成的團隊,所能檢視的量能。其訓練集中的資料,讓 AI 熟悉銀行擠兌的動能,基本上是一套複雜動能系統中的突現特性,再加上歷史例證、最糟情境及防範措施,諸如1869年的黃金圍堵事件、1907年金融大恐慌、1930年代的大蕭條及 1980 年代的儲貸危機等等,都彷彿是今天才剛發生的新鮮事一樣,系統會得出與人類分析師相同的結論:先採取行動、趕快把錢拿出來、別落在隊伍最後。

▎真正的危險

真正的危險並不在於機器像人類一樣思考——畢竟本應如此,危險是在於機器的行動更快,而且能與其他機器溝通。許多交易機構都授權電腦,讓電腦自動根據 AI 演算法執行交易,不必與人類風

險管理經理先結算交易。

AI交易系統經過嚴格校準，能夠看見其他系統在做什麼並幾乎立刻做出反應，不需要簡訊、電話或有人上電視播報消息。市場一開始暴跌，系統就會透過演算法內建的遞迴功能（回饋機制），以前所未見的速度不斷自我消耗，AI銀行擠兌，不僅比人類銀行擠兌更快開始並蔓延，人類甚至還不知道發生了什麼事。事情發生得太快，聯準會都來不及發布新聞稿並發表樂觀談話。

理論上來說，恐慌的傳播會比光速還快，因為訊息的流通（每條訊息都以光速前進）會透過上千條管道，以超過指數性成長的速度，往各個方向蔓延，如此一來，就不可能及時提供流動性，或應付需求，只能關閉銀行。

即使到了這時候，恐慌也不會消散。AI永不休眠，銀行一關閉，AI及其深度神經網路，就會掃描

全球市場，尋找可以售出資產、拿取現金或縮短恐慌的替代方式，爭取現金的行動會延伸到商品交易所，如芝加哥商品交易所、上海期貨交易所、倫敦金屬交易所以及股票交易所，如紐約證券交易所、納斯達克、倫敦證券交易所等，還有保險市場，如勞合社、中國人壽保險、慕尼黑再保公司、波克夏等，這些公司與市場一個個都會暫停贖回、暫停交易或者關上大門。

▍崩盤就是會發生

正如交易專家麥斯特斯（Blythe Masters）曾經指出，黃金市場一直都不穩定。她說的沒錯，也不應該穩定，而是應該不斷有進展，讓個別參與者開倉、平倉或者展期頭寸。市場本身不能穩定，是因為持倉的數量比起實體黃金的數量，要大上好幾個量級，要靠著信用、時間與信任來消弭兩者之間的差異。

同樣的觀察評論也適用於股票、債券、商品或加密貨幣，而 AI 引爆的恐慌，會逼迫所有市場幾乎要立即穩定下來——根本不可能，結果就是全球市場關閉。

　　監管機構、市場參與者及開發者都無法預防這樣的結果，因為從深度神經網路到人腦、再到資本市場，這股串聯當中的運算複雜程度，遠超過全世界整個運算能力，理論上可以理解，但是無法設計出能夠事先看見每一種崩盤方式的模型，更不用說要預防。崩盤就是會發生，沒有人知道到底為什麼。

3
數位貨幣與新價值

科技的本質並無關乎科技,因此對於科技的本質反思
與針對科技的確切對抗,必須發生在某個特殊領域中,
這個領域一方面類似於科技的本質,另一方面卻又徹底不同。
這樣的領域便是藝術,不過當然有個前提,
對於藝術的反思本身,不會無視於真理的匯聚。

——馬丁‧海德格(Martin Heidegger),
〈關於科技的提問〉(The Question concerning Technology,1954)

AI帶我們回到荷馬時代

　　如果 AI 能透過操控與金錢相關的深度學習與演算法，讓全球金融體系陷入停擺，那麼，一旦整個社會連「金錢是什麼」都搞不清楚了，又該如何運作下去？如果當初創造 AI 是為了閱讀、寫作及畫圖，那麼 AI 被迫要面對以聽覺、觸覺為主的世界時會是如何？這不只是語音辨識的問題，畢竟語音可以轉譯成逐字稿並數位化，而是要面對一個節奏韻律能產生意義，卻沒有對應文字的世界，這是麥克魯漢的「地球村」理念，同時理解到麥克魯漢沒有將村落，塑造成充滿溫暖和互相理解的地方，村落中的生活經常很殘酷。

　　我們經過 2,500 年的線性文字之後，又要回到荷馬時代的模式，我們用價值狀況取代了金錢，而 AI 與 GPT 的設計，卻都圍繞著線性碼和字母數字

的對應,可能很快就會陷入困惑。

整體文明正奔向未知的目的地時,藝術家總會最先抵達。換種方式來說,藝術家繪製出未來,但是總要經過一段時間,或許要數十年,我們才能回頭看看他們的作品,認出他們預言的現今。

藝術家本身不擁有水晶球,他們或是繪畫、或是雕塑、或是寫作,留待後世來評價他們的作品。但是他們確實能看見未來,總是能看見,因為未來在現今已然存在,只要你知道該往哪裡尋找,而藝術家知道該往哪裡尋找。

▋金錢、信賴與文明

金錢是文明的根基之一,金錢並非文明追求的重點,更算不上是最重要的特色,但仍然是一部分基石並扮演著舉足輕重的角色。金錢是以物易物的進化,金錢是暴力之外的另一種選項,金錢推動了

商業及投資,也扮演了儲存財富的角色。金錢與法律、宗教和家庭等組織機構,一起讓文明能夠發展出教化,避免了人人彼此爭鬥的霍布斯戰爭[8]。

正如金錢撐起了文明,金錢也有賴文明才具有價值,金錢的價值源自於信任,而信任本身則端賴某些機構才得以維持,包括中央銀行、法規、黃金儲備、AI演算法等,而當這些機構崩毀,信任便會消失,金錢的價值也跟著消弭,只能等待新的機構與新的金錢形式出現,才能再次啟動循環。

金錢與支持的機構在這 2,500 年間,經歷了最嚴重的社會紊亂,而我們完全沉浸在這段轉變當中,也就無從看見。藝術家不一定看見了,但他們能感覺到並投射在自己的作品中。古語有云:我們不知道是誰發現了水,但我們很肯定那不是魚。意

---

[8] 指英國政治哲學家湯瑪斯・霍布斯(Thomas Hobbes)的論點,認為自然的本質就是戰爭狀態,人類會處在狗咬狗的世界中,必須不斷互相爭鬥以求生存。

思是,魚潛游在水中,那就是魚身處的環境,你必須讓魚離開水,魚才會知道水的存在。藝術家就像離了水的魚,他們能洞察我們徜徉其中,卻不自知的某些「理所當然」絕非理所當然。而關於金錢與價值的連結,正是其中之一。

▌杜象的價值反思

杜象(Marcel Duchamp, 1887-1968)是二十世紀最傑出的其中一位藝術家,影響力延伸至二十一世紀,他與畢卡索(Pablo Ruiz Picasso)、馬諦斯(Henri Émile Benoît Matisse)及安迪・沃荷(Andy Warhol)齊名,這少數幾位藝術家不只創作出偉大的作品,更拓展了藝術界線的可能性,並重新定義了藝術本身。

杜象和同時期的藝術家不同,他不是相當多產,創作的作品數量相對較少,幾乎他所有最出色的作品,都在費城藝術博物館少數幾間畫廊中展出。

杜象最出名的藝術創作行動,就是在一家水電行買了一個陶瓷小便斗,簽上 R. Mutt 這個姓名,然後標上 1917 年,命名為《噴泉》(*Fountain*)並報名參與紐約的獨立藝術家協會(Society of Independent Artists)展覽,杜象認為藝術行動並非是小便斗本身,而是藝術家選擇了小便斗,相對於「視覺」藝術,他稱其為「大腦」藝術。1917 年的觀眾反應是一片譁然,時移事易,2004 年由藝術界專家巨擘組成的評審團投票,將《噴泉》選為二十一世紀最具影響力的藝術作品。

杜象的影響力不僅限於他的畫作、影片、舞台布景,或者像《噴泉》這類他所謂的「現成品」,他最關心的是藝術的概念、藝術的意義、藝術為何,以及藝術可以如何進步。杜象堅信,在觀眾看見藝術並產生評論之前,創作都不算完成,他寫道:「在最後的分析中,藝術家或許可以站上在任何屋頂上,吶喊著自己是天才,但還是得等到觀眾的認

可,他的宣告才有社會價值。」

▌杜象債券

杜象有另一項十分有趣而迷人的藝術作品,那就是創造金錢——如果也算是金錢的話。杜象對數學及音樂極有興趣,在他幾項重要作品的草稿和研究手稿上,都會留下算式和代數比率,不過和任何已知的數學分支領域都沒有關係,最好留待後世的詮釋。

他在這項作品中的一部分,是設計了一套一擲千金的數學模型,在摩納哥的蒙地卡羅(Monte Carlo)玩輪盤,其演算法就倚靠荷官在輪盤上打珠子打一萬次。杜象為了在輪盤賭桌上的作品,因此募資發行債券,債券上印著杜象的照片,整張臉和頭髮上都抹滿肥皂泡沫,照片由美國藝術家雷(Man Ray)拍攝,肥皂泡沫是用來將他的頭髮塑形成兩隻翅膀,用意是模仿墨丘瑞(Mercury)的雙

翼頭盔,這是希臘羅馬神話中的金融收益與幸運之神,只是觀眾經常以為那雙翅膀是惡魔的雙角。照片影像疊加在輪盤上,而輪盤則是擺在綠色長方形上,代表是輪盤賭桌的一部分。債券上有杜象與他女性分身謝拉維(Rrose Sélavy)的簽名。

從其他角度來看,債券看起來就像當時常見的金融商品,面值是 500 法郎,發行日期為 1924 年 11 月,保證利率有 20%,還有一張可撕下的憑證,可憑此收取獲利。發行債券是希望能賣出 30 張債券以籌到 1.5 萬法郎,最後總共只賣出 14 張。

杜象在往返蒙地卡羅的路上,寫了一封信給一位投資人,寫道:「疑心病別這麼重,這一次我想我已經刪去了機會一辭。我想要讓輪盤成為一場棋局,吃掉棋子並面對結果:但是我實在很想償付股利。」最後,杜象的系統失敗了,不過或許是他因為覺得無聊就結束了,後續再沒有付過股利,那批債券也就違約了。

是嗎？你以為事情就這樣結束了嗎？

2010 年 11 月 9 日，杜象的《蒙地卡羅債券（1 號）》（*Monte Carlo Bond [No. 1]*）在佳士得（Christie's）拍賣時，以 1,082,500 美元售出，當初只要花 500 法郎就能買下蒙地卡羅債券，當時相當於 30 美元，投資人在 1924 年買下債券，若能持有到 2010 年的佳士得拍賣會上，就能實現 36,000％的報酬率，輕鬆勝過在 1925 年及 1926 年，遭遇極端惡性通貨膨脹的法國法郎，以及當時的法國政府公債──若當時持有的資產是法郎，那投資人就會先經歷惡性通膨，到 1940 年又會遭遇第三共和淪陷於希特勒之手，導致公債完全違約，投資人的資產幾乎化為泡沫。若當時持有的是美元會比較好嗎？1924 年美元改採金本位制度後，貶值了 98％。

簡言之，杜象創造了一種形式的金錢，在 1924 年至 2010 年這 86 年間，表現更勝於法國及美國的

法定貨幣，甚至是他們的主權債券。蒙地卡羅債券售出數量稀少，現今無疑會比 2010 年的拍賣價格更加昂貴。

杜象創造的是以藝術形式維持價值的金錢嗎？或者他創造的是能作為某種金錢使用的藝術？杜象大概會覺得這個問題無關緊要，他對於用債券籌錢這件事的態度很認真，正如他對自己的數學輪盤賭博系統一樣認真。他在友人達達主義藝術家畢卡比亞（Francis Picabia）的協助下，設計這個債券計畫。至於其中的藝術成分，杜象曾寫信給畢卡比亞說：「我一直都不算是個畫家，現在我在機緣巧合下才畫幾筆。」由此可見，杜象不認為藝術中有界線，在金錢中也沒有。

▍商業藝術的誕生

另一位打破了藝術及金錢之間阻礙的二十世紀傑出藝術家是安迪・沃荷。沃荷與杜象不同，他

十分多產,創作包括插畫、畫作、網版印刷、電影、音樂、書籍、雜誌、攝影、時間膠囊(將當下的個人物品封存在紙箱中)及電視節目,他是最早創作數位藝術的其中一人,在 1985 年使用康懋達(Commodore)製造的阿米加 500(Amiga 500)個人電腦,創作了歌手哈利(Debbie Harry)的肖像,還有一首叫做《你是唯一》(*You Are the One*)的音樂錄影帶,使用了瑪麗蓮・夢露(Marilyn Monroe)的影像搭配上原聲帶。

杜象展示出萬物皆可為藝術,沃荷則是相信萬物皆藝術,隨著沃荷換了一種又一種媒材,也留下了矛盾的痕跡,這是專屬於沃荷的標誌。

1966 年,沃荷宣布他要放棄繪畫而專心在電影上,確實如此,然後在 1972 年又回頭繪畫,創作出《毛澤東》(*Mao*)肖像畫,以及上千幅其他畫作、網版印刷與名人畫像,包括英國搖滾樂手傑格(Mick Jagger)、美國拳王阿里(Muhammad Ali)

及美國影星嘉蘭（Judy Garland）。

沃荷在1968年6月3日遭到激進女性主義者索拉納斯（Valerie Solanas）企圖暗殺，差點沒命，身體恢復後就變得避世而相當注意安全。同時，他發現了一種新的藝術形式，他稱為商業藝術（Business Art）。

▋安迪・沃荷的新藝術「發行股票」

沃荷一直都對金錢很著迷，不是那種貪戀財富的意思，而只是需要足夠的金錢，可以維持他在主流與非主流之間過著擺盪的生活方式。他經常上教堂，也在紐約上東區擁有一棟別墅，另外又常出入複雜的銀色工廠（Silver Factory）、嗑藥、異裝癖，還培養了一群沃荷的超級明星。

沃荷的童年時期遇到大蕭條，他會囤積午餐、計程車收據，並留下仔細的財務紀錄。他不時就會

陷入對抗美國國稅局的戰爭，持續了幾十年，雙方的糾紛始於1969年，他決定商業優先，反正商業就是藝術，沃荷開始穿著西裝到工作室去（他在1950年代創作插畫時也這麼做）、投入發行雜誌《訪談》（*Interview*），並且創立了安迪沃荷企業（Andy Warhol Enterprises, Inc.），自己擔任執行長。

他接受訪問時說：「新的藝術其實就是商業，我們想要在華爾街股市出售我們公司的股票。」他在一部紀錄片中說：「我是個生意人，有很多人要養，必須買肉養家糊口。」他將網版印刷的製作外包給真正的印刷工廠，只用手工進行顏色修飾；他拉來了雅男士（Aramis）香水的贊助，以每幅3.5萬美元價格提供個人的肖像畫。

似乎是要證明商業藝術的重點，沃荷創作了《美元符號》（*Dollar Sign*）網版印刷作品，1982年在紐約格林街（Greene Street）上的里奧卡斯特利畫廊（Leo Castelli Gallery）首次展出，網版印刷的

原版作品再加上好幾千份複製品，把產品發布、新聞稿和試算表都當成了藝術，這對接下來 50 年的藝術發展，有同樣深遠的影響。

▎AI 正在創造新世界的貨幣與價值

美元符號是金錢的象徵，但事實證明，沃荷的《美元符號》遲早會成為更優越的金錢形式。沃荷將藝術變成了商業嗎？他將商業變成了藝術嗎？就如同杜象一樣，答案不重要。若是問沃荷，即使他願意回答，答案也可能令人費解。最重要的是模糊界線、打破疆界，若是要給個理由，就違背了目的。藝術家珍視的是創造的動作，而非貼上的標籤。

杜象的《蒙地卡羅債券》是根據一套數學演算法，領先了比特幣 85 年；沃荷的《美元符號》系列則比現金之戰早了 35 年。全世界都在想著加密貨幣、中央銀行數位貨幣、一種叫做特別提款權

（special drawing rights, SDR）的新世界金錢、現代貨幣理論（modern monetary theory, MMT）、非同質化代幣（non-fungible tokens, NFTs）、智慧手機付款，以及在元宇宙（metaverse）中進行上百萬美元的數位土地銷售，這一切都包裹在 AI ／ GPT 的世界當中。

而大多數觀察者卻沒有看見，這一切事物在千年間的形體轉換；有些觀察者看得比較仔細，會關注像是非同質化代幣及元宇宙土地兩者的差異，或者一般加密貨幣與中央銀行發行的差異等細節，但即使是這些人也不會注意到。他們會問無限制的特別提款權發行，相較於在現代貨幣理論之下，無限制的美元發行有何異？他們會問，持有肯亞 M-Pesa 帳戶的人，使用薩法利通信（Safaricom）的手機銀行功能，想要透過簡訊功能將錢存入 Venmo[9] 帳戶，

9　美國的行動支付公司，提供免費轉帳，即使所有人都持有不同銀行的帳戶，都能透過 Venmo 進行一站式的分帳和收款。

這些支付系統之間的互用性如何？（M-Pesa 指的是「手機的錢」〔mobile pesa〕；pesa 在史瓦希利語中的意思是「錢」。）這些問題都沒問到重點。

我們沉浸在電子環境中，正如麥克魯漢的觀察，自從發射了第一顆衛星，整個星球就成了裹著金屬包裝的人工製品，我們就是水裡的魚，卻仍不知道水是什麼。自從西元前五世紀，金錢便存在於書寫文字構成的線性世界裡，而今我們與金錢隔著距離，我們不知道錢是什麼，只知道模糊的價值。

▌藝術乘載人類生活軌跡，包含政治與經濟

文明正進入轉換的後期，要從書寫轉向聲音、從政體轉向部落、從視覺轉向聽覺，同時從眼睛可見轉向伸手可觸，這是因為數位浪潮洗刷過我們，沒有人不會受到影響，但幾乎沒有人理解其中的轉變。一如既往，藝術家先抵達了。

要理解在電子時代中金錢如何變形,就必須回到柏拉圖(Plato)的《理想國》(*Republic*)及西元前四世紀。一千年來,學者與學子初次讀到柏拉圖在《理想國》第十卷中,對荷馬(Homer)的嚴厲批評時,總是困惑不已,柏拉圖長篇大論批評荷馬只是人云亦云,不算真正的教育者,也沒有生產有用的東西,而且在第三卷以及整部《理想國》的其他段落也有預告。即使如此,荷馬的《伊里亞德》(*Iliad*)與《奧德賽》(*Odyssey*)仍被評為有史以來最偉大的文學作品之一,直至現今仍有無數讀者仰慕。

這樣的對比令人費解,也引發後人思考:為何柏拉圖如此嚴厲,卻又無法否認詩歌的影響力?

荷馬的才華經過 2,800 年依然感動著我們,而柏拉圖則被認為是「哲學之父」,為什麼柏拉圖會以如此嚴厲貶斥的言辭來批評荷馬、其他詩人及詩歌傳統?

▎不用 AI 記錄，千頁史詩如何留傳至今？

英國學者哈維洛克（Eric A. Havelock）在他1963 年的著作《柏拉圖序言》（*Preface to Plato*）當中解釋了這樁明顯的矛盾，現今的評論者認為，荷馬是偉大的詩人，他相當喜愛《伊里亞德》的多彩多姿、韻律及故事情節，而柏拉圖對詩歌的理解，則和我們的見解不同。

首先要知道，荷馬從來沒有寫下任何東西——他的寫作方式是口傳。西元前四世紀的詩歌主要並不是藝術創作，而是具有教育意義，阿基里斯（Achilles）值得欽慕或自戀自負？在不同的時候兩者皆是，而這正是重點。在過去，《伊里亞德》是當成良好行為的準則，同時也警告讀者該避免何種行為，其實詩歌在過往就是屬於教育體系。對柏拉圖和他同時代的人來說，《伊里亞德》不是我們所理解的史詩，而像是一部百科全書，讓他們了解希臘歷史、藝術、科學與社交。

有些人會懷疑一個希臘黑暗時代的吟遊詩人，怎麼有能力記住我們現今所見到的千頁史詩？重點是要知道，這些詩歌都經過無數次的複誦，在家裡會聽見、旅遊時會聽見，在各種社交場合會聽見，你這一輩子都會聽見。諸如押韻與諧音這類詩歌修辭技巧並不只是為了藝術性，而是用來幫助記憶。最重要的是，媒介是語音而非書面文字。正如哈維洛克所寫的：「柏拉圖對詩的概念⋯⋯基本上是正確的，詩並非『文學』，而是政治與社會的必需品；詩並非一種藝術形式，也不是個人發揮想像的創作，而是由『最優秀的希臘政體』努力一起維護的百科全書。」

▋從口傳到文字記錄

柏拉圖就像一座橋梁，連結了荷馬時代的聲傳文化與亞里斯多德（Aristotle）的書面線性文化，以及所有後來的人。柏拉圖與同時代的某些人，是

最早以拼音符號書寫作為主要溝通方式的人。我們現今仍在使用的腓尼基字母，一直到了西元前九世紀才在希臘廣為流傳，而使用的人僅限於一小群抄寫員及上流菁英，除了菁英分子之外就沒幾個人會寫，更幾乎沒人會讀。

到了柏拉圖的時代，書寫更加普及了，不過史詩的背誦依然是主流的教育形式。柏拉圖的哲學談的是理性，本身就是線性思考模式的產物，柏拉圖將理性提升到史詩的廣泛影響之上，他想要摧毀詩歌好提升線性邏輯及書寫文字。事實證明他成功了，他的學生亞里斯多德留下的大量文字作品，就是最好的印證。

從荷馬到柏拉圖乃至亞里斯多德，從聲音到書寫，從環繞模式到線性模式，這樣的轉變不僅僅是因為媒體科技的進步，更影響人類如何思考及處理資訊。很快地，人的思考就從依據情緒的詩歌程序改為依據字彙、結構與科學來進行。大腦的可塑性

確保了這些改變能在接下來的 2,400 年中占優勢。

就在這段線性的理性思考主導下,金錢、銀行業、會計,以及諸如支票、鈔票和合約等書面文件全都出現了,要理解後中世紀形式的貨幣與價值,我們一定得提到柏拉圖,他是西方哲學中推動「用邏輯、用線性推理來理解世界」這種思考方式的關鍵人物。

▌媒體決定世界的情緒

自 1838 年發明了摩斯電報系統起,隨之而來的還有電話、留聲機、廣播、電視、電腦、衛星等,世界已經回到了荷馬時代,那般沉浸在聲音刺激的環境中,我們再次揚帆,航行在荷馬筆下的那片酒色深海上,而邏輯與理性已經拋出船外,隨著我們回到前柏拉圖的時代,情感便占據了顯眼的位置。

而在這趟從理性重返前理性(現在是後理性)

世界的旅程中，最重要的擁護者，就是加拿大媒體理論學家兼哲學家麥克魯漢，從1951年開始，他出版著作《機械新娘》（*The Mechanical Bride*）[10]，接著又出版了《古騰堡銀河》（*The Gutenberg Galaxy*, 1962）及《認識媒體》（*Understanding Media*, 1964），麥克魯漢解釋道，相較於媒體本身對思考模式的影響，其內容大多無關緊要，而這個觀點濃縮成了他最出名的一句話：「媒體即訊息。」意思是說，例如電視節目的內容可能有醫生、偵探、新聞主播出現，但都是稍縱即逝，真正要緊的是浸淫在電波中，不只是來自於電視，還包括廣播、喇叭、留聲機，後來還有全球網際網路。順帶一提，麥克魯漢早30年就預期到網路會出現。

根據麥克魯漢的分類，電視屬於冷媒體，意思是觀看者會看到馬賽克圖像，需要投入大量心力才

---

10 書名取自杜象1923年的作品《新娘甚至被光棍們扒光了衣服》（*The Bride Stripped Bare by Her Bachelors, Even*）。

能讓圖像完整，而不像廣播屬於熱媒體。所謂熱媒體有個特性，這類媒體只刺激某一種感官，而且帶來的刺激十分強烈，參與者除了單方面接收刺激之外，幾乎無事可做。插個題外話，經常有人指出，希特勒在廣播上進行政治宣傳時，能發揮相當大的影響力，但是上了電視看起來就像個小丑。安迪・沃荷就有句經典名言說：「未來每個人都會成名15分鐘。」他表示是受了麥克魯漢的啟發，而這個敘述就算放到現在來看，也是正確的。

麥克魯漢提出「地球村」這個概念，意思是說：隨著科技發展，整個世界變得像一個村落一樣緊密連結。在這個「地球村」裡，人們的感官中樞不再只是視覺主導，而是更像傳統村落中仰賴聽覺與觸覺的互動方式，這使得大家彼此靠近，更能即時感知對方的存在與反應。

不過，到了現今這個數位時代，「村落」的訊息傳播更快，只要有戰爭、市場崩盤或天災等重大

事件發生,消息會立刻席捲全球,讓世界各地的人都能在同一時間,感受到相同的衝擊與不安,幾乎沒有延遲。

▍從單一感官到五感同步刺激

哈維洛克認為,從荷馬到柏拉圖的時代,象徵著人類感官與思考方式的深刻轉變:從以聽覺為主的口語文化,進入到以視覺與線性邏輯為主的文字文化。這不只是媒介的變化,更是歷時千年累積而來的文化思維模式,正在經歷顛覆性的轉型。麥克魯漢則在這基礎上往下延伸。他認為我們正在經歷一場逆轉的過程:從原本由書寫、邏輯與視覺主導的線性文化,轉向非線性、非理性、感官參與度更高的電子文化。

不過,現在的「荷馬」不是吟誦史詩的詩人,而是來自街頭的嘻哈音樂。這種文化形式更強調節奏、感覺、聲音與身體的反應,比起理性論證,它

更像一場能量爆炸。

你或許在路上遇過一台改裝的豐田 Supra，像電影《玩命關頭》裡那樣：裝著遮光玻璃、用改裝過的重低音音響，播著美國女歌手錢多多（Muni Long）的歌，整台車轟出 120 分貝的音浪，完美演繹什麼是「震耳欲聾」。這時你會發現，重點其實不是「聽音樂」，而是「整台車和周圍空氣都在共震」，那是所有感官都在同一個頻率上震動的完美體驗，不是單純的「聆聽」。我們如今走進加油站、百貨公司、機場、候機室，隨處都充滿了螢幕、聲音、電子標誌與影像轟炸，我們的感官不斷被刺激、被占據，這一切看似理所當然，但其實正在發生一件事：文字已經默默退出我們的感知主場。

▌錢與價值的怎麼在數位新世界準確連結？

當前 AI／GPT 面臨最大挑戰，是該如何在這個以「聽覺與觸覺」為主的電子新世界中，找到自

己的定位。

乍看之下，這似乎是矛盾的陳述，畢竟正是 AI ／ GPT 的演算法與運算能力，促成並加速了這場媒介的變化。事實上，AI ／ GPT 本身依然侷限於結構化語言、邏輯與線性資料的框架內，對於這種非線性、非語言、強調感官參與的資訊環境，它很難真正理解。

而這種適應上的困難，不只是抽象的感官問題，更直接體現在 AI ／ GPT 嘗試掌握的人類最關注的事物上，那就是金錢。

金錢的概念即便不曾完全消失，卻變得高度模糊，難以定義。在現今資訊流動迅速而混亂的環境中，訊息傳遞既非線性，也不再依賴可語音化的結構；這使得現有的演算法，難以將我們在數位軌跡上的行為及其價值，用錢來衡量，並準確數位化、歸納或預測。

閱讀康拉德（Joseph Conrad）的《黑暗之心》（*Heart of Darkness*）是一回事，但如果你身處黑暗叢林，親耳聽見遠方傳來的鼓聲與周遭未知的聲響，那又是截然不同的經驗。

故事可以相同，媒介卻根本不同：小說能被數位化，轉換成資料格式送進模型訓練集；但聲音雖然可錄製、可複製，卻不容易以語言、邏輯或線性方式解析與理解。如果有一天，金錢本身也變成了某種「聲音」──模糊、流動、震盪、難以標註，又會發生什麼事？

比特幣便是可以說明這種新價值的絕佳例子。2021 年 11 月 9 日，1 比特幣價值 6.9 萬美元，而僅僅一年後，同樣 1 比特幣的價值是 14,750 美元，以美元來估算的價值下跌了 78％。到了 2024 年 3 月，價值超過了 7.3 萬美元。但是，同樣 1 比特幣在同一時間內，一旦離開加密貨幣交易圈，就會變得一文不值。

加密貨幣的價值主要由虛擬交易決定，也就是大額持有者彼此之間，會以容易操縱的價格來回交換同一批加密貨幣，而這些貨幣本身離開了交易圈之外，便沒有市場價值。可以用賭場的籌碼比喻，在賭場內賭博時很有用，但是出去外面你連一杯咖啡也買不了，你得經過一道關卡，例如賭場的出納或者可相容的銀行，才能換成在一般市場可以流通的那種貨幣。

但我認為用「幻覺」來解釋會更接近真實，每位加密貨幣的持有者都會看到自己想看到的，但其他人卻不一定同意。重點是，有一大群投資人（其實是投機者）相信加密貨幣是金錢，而大多數人卻對那些金錢媒介不甚了解，或者完全不懂。

▍虛擬交易的集體價值幻覺

嚴格說來，比特幣完全沒有實體對應物，你的數位錢包裡，甚至連一張皺巴巴的紙鈔都沒有。它

的「用途」也不穩定——加密貨幣的假定使用情境經常變來變去，這種不確定性，其實就是金錢作為媒介的一種變形現象，但還不是最難理解的部分。真正讓人質疑的，是比特幣本身的特質：它既不是一種穩定的「價值儲存手段」，也尚未成為大眾市場接受的支付貨幣。它的機制因為發行量有限偏向通貨緊縮，又缺乏完善的法治與監管。更重要的是，比特幣背後的運作基礎，是一群未經正式驗證或監督的「礦工」，透過共識機制所建立的區塊鏈系統。這是一種不需要任何機構許可甚至監督的網路結構。但正因為如此，整體的穩定性與信任基礎也備受質疑。

不過我也可以斷言，比特幣不會消失，就像一種特殊信仰的崇拜物件、投機的圖騰象徵、真實金錢的萬花筒，而且會一直這樣存在下去。最終的結果不會完全取代我們現在用的貨幣，但可能會成為某些以集體信任甚至信仰為基礎的內容，轉化成有

價資產的主要途徑。當然比特幣也可能豆豆玩偶和寵物石頭那樣，僅是因為無趣便宣告破產。

▎融資是負債還是收入？

當人類都無法參透比特幣的價值，更別指望 AI／GPT 可以提供你完美的買幣策略。同理，AI／GPT 也不可能徹底理解金錢與信貸之間的差異，不過我們或許不會計較這種特殊的專業需求，畢竟大多數投資專家也不了解箇中差異，但是這其中隱藏的「不理解」，在導入 AI／GPT 進行交易之後，卻界定了單純市場損失及全面恐慌之間的疆界。

信貸是債務或槓桿的別稱，可以作為貸款、債券、抵押貸款，或者屬於那一團資產負債表以外，相關衍生性金融商品之類等存在，無槓桿的投資人損失金錢時，損失通常不會進一步擴大；若是使用了槓桿，相同的損失就會影響到債權人及投資人，

此時就會開始要求擔保品,投資人便必須拋售資產以籌募擔保,這番低價出售就會將壓力從原始的損失,轉移到不相關的市場上,隨著恐慌階段展開,而接連影響到其他債務人及債權人。重點是借款人認為貸款所得是金錢,忽略了伴隨而來的債務或衍生性商品,以為投資一定會成功還能完美地償還債務,但是若把債務跟貸款所得放在一起看,其實本該如此,你就會發現一件很恐怖的事:「金錢」消失了。更慘的是當投資失敗時,不但錢會消失,債務還會存在,結果就是負淨值。AI ／ GPT 雖然可以算出市場的走向,但它沒辦法估算人的情緒和天真,會對市場造成多少不確定。這件事再一次告訴我們,數位世界還沒完全準備好,面對真實世界中因崩盤引起的憤怒與絕望。

▌真實與編造的大對決

若是發生了與 AI ／ GPT 無關的金融恐慌,深度學習節點就會衡量各種因素,例如指數水準、

監管機構聲明、媒體頭條、訪問、動量指標,以及與金融歷史和先前恐慌相關的大量文章,但 AI／GPT 會全然忽略,這一切因素都是症狀而非病因,讓市場陷入死亡迴旋唯一病因,就是人性以及理智中要逃離起火建築物的衝動,更糟糕的是,AI／GPT 或許有可能讓恐慌加劇,因它的思慮無法將價值狀況與傳統金錢形式分開來,也許會給予投資專家及普通投資人錯誤指令,或是虛假保證。就好像某人在爆滿的戲院中大喊「失火了」,而演算法還在糾結著「失火了」是什麼意思。

現在的電子環境跟數位金錢進化得非常快,身邊開始出現很多看起來不像錢、但大家彼此都同意「它有價值」的事物。它們也許稱不上是真正的「貨幣」,但已經具備了金錢的部分功能,比如可以交易、可以換東西。結果就是我們很難再清楚分辨,怎麼樣才能稱得上「真正有價值的事物」。就像這些新型態的金錢,不斷從一個模糊又快速變動

的小眾市場冒出來，各種形式都有，連專業金融人士都跟不上這波變化，更不用說 AI／GPT 了。

▌當投資管理者把決策交給 AI

問題是，本來應該更小心的，人反而太快依賴 AI，把決策交出去，結果可能不是得到幫助，還會釀出更大的麻煩。例如金融機構、銀行和經紀商愈來愈仰賴 AI／GPT 管理風險、給予投資建議，還有快速因應市場波動。避險基金也一樣，套用同一套演算法來選股，甚至制定更複雜、更細緻的交易策略。

但在財富管理這個產業裡，有一個業界不太願意說出來的小祕密——幾乎所有的投資顧問，其實都在看同一個螢幕畫面。畫面上是：一份標準化的客戶問卷、一套固定的績效模型，以及一組預先設定好的投資組合建議。你只要回答幾個問題，像是年齡、婚姻狀況、資產規模、家庭條件與退休目標。

系統就會「自動幫你配一份計畫」。聽起來像是量身打造，但實際上這份「個人化建議」的背後，是神經網路對各類資產的報酬預期與風險分散效果的假設。問題是：這些報酬預期根本是編出來的，而一旦市場恐慌，所謂的資產多元化馬上就會失效。

最諷刺的是，那份看起來專屬於你的投資計畫，其實只不過是標準模板套上你的資料。只要你的狀況跟別人差不多，你們拿到的「專屬建議」也會幾乎一模一樣。至於收費？一樣沒少收。

AI非常擅長這種公式化的長篇大論，也讓人無法理解，為什麼銀行不乾脆完全省去真人員工，改用深度偽造的影像。或許這件事即將成真，美國銀行透過名為艾芮卡（Erica）的聊天機器人，提供金融建議的同時還令人感到備受禮遇，自推出後使用次數已經超過20億次。同時，AI產出的投資組合配置並不是很強大，無法造成恐慌或者前所未見的

市場情況,包括去全球化、去美元化,以及將數位支付管道轉為武器,用來對公民實施個人監控。

▍市場終究不安全,如何守住財富?

投資者怎麼做才能避開這些金融礁石,同時保有財富,甚至在動盪中獲利?如果市場本身不安全,你該如何保護自己的財富?

在銀行裡留點現金,作為度過危機的救急措施多少會有點幫助。另外手邊也應該放實體現金,以因應銀行關閉或電力網路故障,讓數位銀行及信用卡失效的狀況。

矽谷銀行倒閉的問題是,對於那些一向謹慎而有現金儲蓄的人而言,這件事直擊他們的心臟。儲蓄的存戶不應該因為在矽谷銀行紓困中,美國聯邦存款保險公司,守住超過25萬美元的存款,就覺得安心,在2023年3月16日,當時的財政部長葉倫

在國會聽證會上表示，全面保護存款的措施，只適用於「若無法保護未保險存戶時會造成系統風險，並且對經濟與金融造成重大後果」，也就是說，如果你把錢存在一家地方性的小銀行，遭遇風險時，就只能靠自己了。

雖說如此，還是有幾種完全合法的技巧，可以在你的銀行破產時，避免現金存款遭到消滅：

1. 購買存款保險

我們提過美國聯邦存款保險公司的保險涵蓋範圍，是會員銀行中不超過25萬美元的存款，美國信用合作社管理局（National Credit Union Administration, NCUA）也提供類似的保險給聯邦信用合作社中的存戶，這種保險是有政府保證的，即使美國聯邦存款保險公司，或美國信用合作社管理局的保險基金不足，國會也會撥出款項來貼補或者提高存款保險費用，或兩者並行。

每個存戶的保險金額,是根據美國聯邦存款保險公司所謂的所有權類別而定,因此結婚的伴侶可以分別開戶並各存入 25 萬美元,如此就能將你的存款保險額度提高到 50 萬美元。僅在一家銀行與配偶開設共同帳戶,而依據共同存款人擁有的其他帳戶,保險額度或許可以超過 25 萬美元的限制。例如個人退休帳戶(individual retirement accounts, IRAs)和 401(k) 退休福利帳戶等其他所有權類別,即使受益人有其他存款帳戶也可以單獨投保。

　　另外,存款保險會涵蓋在不同銀行中的個別存款,保險適用於每家銀行的各個所有權類別。因此,如果你在四家不同銀行開設四個儲蓄帳戶,並在每個帳戶中存入 25 萬美元,那麼這總共的 100 萬美元都能有保險。如果你的配偶或孩子比照辦理,很容易就能擁有保額充足且金額超過 200 萬美元的儲蓄。更有甚者,如果你和你的配偶設法在多家銀行開設帳戶,每家銀行還有不同的所有權類別,那

麼基本上你能擁有的存款保險總額,就幾乎等於沒有限額。

當然,要在多家銀行中操作多個帳戶有實際限制,美國聯邦存款保險公司的規定很複雜,最好跟你的銀行或財務顧問討論,但是你不需要花太多工夫,就能擁有完整保險的幾百萬美元儲蓄。同時,將你的存款分散存在幾家銀行中,也能降低風險。

2. 買美債

另一項策略是買進美國公債,這些是財政部提供的最短期限,可以短至四週、三個月或六個月,而且因為期限短,基本上不具有信用風險,也幾乎沒有波動性。

美國公債可以存放值得信賴的證券經紀商處。經紀商不是銀行,受到美國證券交易委員會的監管,並且為客戶資金提供證券投資者保護公司（Securities Investor Protection Corporation, SIPC）

的保險。最重要的是，經紀商必須將客戶的資金，與經紀商的自有資金嚴格區分開來，過去有幾次未能區分清楚的例子，比如2011年明富環球控股公司（MF Global）的案例，但是相當罕見。即使在當時，客戶資金最後還是拿回來了。如果經紀商破產，區隔開來的公債及其他資產，只會轉移到接管者手上，交給另一位有償付能力的經紀商，你一覺醒來，會得到一個新的經紀商帳戶，但是不會損失金錢或證券。

3. 持有現金

最後還有一個好主意，就是將你部分的資產換成⋯⋯現金，這表示有實體的貨幣，通常是百元美鈔的形式。不需要太多，1萬美元或許是合適的金額。若有一疊10萬美元現金，遇到什麼停電狀況都不怕，面額可以依需求分配，藏在安全的地方，當然最安全的措施就是：不要告訴別人你有錢。

3　數位貨幣與新價值

儲蓄的人經常會很驚訝地發現，要從銀行領錢並不如表面上聽來這麼容易，畢竟那是你的錢。其實不然，那是銀行的錢，你只是個存戶。要領現金，你或許會領出 1 千美元或增加到 2 千美元，但要是你每次提領超過 3 千美元，銀行可能會提交可疑活動報告（Suspicious Activity Report, SAR）給美國金融犯罪執法局（Financial Crimes Enforcement Network, FinCEN），情況要依提領頻率及你的銀行對你有多熟悉而定。金額到了 1 萬美元，銀行就必須提交強制性貨幣交易報告（Currency Transaction Report, CTR）給美國金融犯罪執法局（某些商業行業可以例外）。美國金融犯罪執法局擁有這些報告的數位檔案，另外還有恐怖分子、洗錢罪犯及聯合壟斷聯盟成員的報告。

美國金融犯罪執法局可以運用 AI 建立你的數位檔案，其中包括像是社群媒體貼文、政治獻金、慈善捐款、住家等諸多資料，而根據這份檔案，美

國金融犯罪執法局或者聯邦調查局,可以判斷你是否符合拜登總統(President Joe Biden)在2022年9月1日費城演講中的描述。

拜登在演說中提及德國導演萊芬斯坦(Leni Riefenstahl),這位導演啟發了電影中的血紅色燈光及片場指導,拜登指稱美國有一半選民擁抱了「一種極端主義,威脅到我們共和國最根本的基礎」,他說有半數選民會「威脅到這個國家」而且「不相信法治」,接著他繼續引述一位聯邦法官的話,稱有半數選民對民主是「明顯且立即的危險」,還說了更多有貶義的話,即使不一一重複也可清楚聽出,他將一半有投票權的人民都當成全民公敵,雖說還不至於像恐怖分子,卻也相差不遠了。

拜登口中所說的是保守派的共和黨人,如果你符合這樣的特徵,那麼你的言行舉止在美國金融犯罪執法局和聯邦調查局眼中,就等於是可疑對象。這些機構喜歡使用AI工具監視政壇對手,或日出

前的無預警搜查，可疑活動報告與貨幣交易報告，都有助於建立犯罪側寫。

當然，在中央銀行數位貨幣（central bank digital currency, CBDC）出現後，這類導入 AI 的政府監控就更糟了；中央銀行數位貨幣是一種記錄在政府帳目上的數位貨幣，會透露你買了哪些書、去了哪個教堂、穿了什麼衣服，現今的私人商家或許會知道這類資訊，不過都是片段，而中央銀行數位貨幣的出現，讓政府更輕鬆地整合這些資訊。

要在身邊保存一大筆現金，例如 10 萬美元，唯一的方法就是要有耐心，少量少量累積個一年或更久，而在多家銀行開戶，除了可以增加存款保險的涵蓋額度，也有助於透過這個方法累積財富。或者你可以咬緊牙關，一次提領大筆現金，只是要接受可能的結果：美國金融犯罪執法局會提出貨幣交易報告。

4. 買金條或銀條

除了現金以外，還有一個方法可以保存財富並避免 AI 的天羅地網：實體的金條或銀條。重量為一盎司的金幣（寫作此時一枚價值約為 2,300 美元）或者一公斤的金條（寫作此時一塊價值約為 7.5 萬美元）是儲存及保存財富的絕佳方法，銀同樣也能鑄成一盎司銀幣（寫作此時一枚價值約為 28 美元），或者是一公斤銀條（寫作此時一塊價值約為 900 美元）。

經過長久時間驗證，金和銀都能不受通貨膨脹及貨幣危機的影響，若你持有金銀，政府便無法透過通貨膨脹，或向通膨獲利徵稅而偷走你的財富。

金和銀在數位新世界中還有一項好處，兩者皆是實體而非數位，而且無論買賣金和銀這類貴金屬，都不需要向政府報告，線上購買或許可以透過網路追蹤，但是向你家附近的可靠實體交易商臨櫃

購買，就不會留下蹤跡。金幣與銀幣沒有序號，金條或銀條上可能印有鑄造廠、化驗官、交易商（通常是大型銀行）的印記及序號，但是只要稍高溫度或輕微拋光就能輕鬆消除。以金銀幣而言，只要認明美國鑄幣局推出的鷹揚金銀幣，純度及可靠度都有保證。

將你的金屬私下存放在有信譽的機構中，例如布林克（Brink's）、盧米斯（Loomis）或加達國際（GardaWorld），無論如何都不要將金或銀存放在銀行的保險箱中，因為一旦到了要徵收非數位錢財時，政府官員第一個就會找上銀行。

究竟要不要持有金銀，這個決定不僅是依據目前或預期的價格，還有實際層面的考量。如果數位貨幣系統崩壞，無論是因為恐慌、不受控的 AI 或者天災，人民很快就會採取行動，另尋可以賦予貨幣性質的媒介，在大蕭條時期，廣為使用的木製代幣就是很好的例子，證明了在傳統錢幣變得稀少或者

失去價值時，人民的應變能力有多好。

金幣及銀幣是特殊情況下，作為交易媒介的合理選擇，一枚金幣價值 2,300 美元（若是發生通膨還會更高），若是用以採購汽油或生活用品的日常交易，可能會不太方便，這就是銀幣發揮功用的時候了。

一盎司的銀幣面值正好適合小額交易所需，可以讓你和家人得到溫飽。為了這個目的要購買銀幣，最好的方法就是，買美國鑄幣局發行的所謂怪獸箱（Monster Box），外型就像是堅固的塑膠箱，顏色是財政部的綠色並以壓縮帶綁牢，箱子裡有 500 枚一盎司銀幣，分裝在 25 個塑膠筒裡，每筒各有 20 枚銀幣。

一箱目前的市值大約是 15,000 美元，你買的怪獸箱可以放在你的手電筒、水、急救箱旁邊，隨時準備應付任何危機發生。

▎當資產愈數位化，就愈容易監管

簡單總結以上我提出的方法：在多家銀行為你和配偶開設多個帳戶，再加上經紀商帳戶中的公債債券，還有不受AI控制的實體現金，並且分配一部分買進實體黃金和白銀。這張清單讓你能夠儲存上百萬美元的財產，不必害市場崩盤，例如矽谷銀行那種。未來還會有其他崩盤事件，而開始這項保存財產計畫的時機就是現在，免得之後AI監管會切斷你所有脫逃管道。

說穿了，這些硬資產和現金策略，也只能保全你一部分的資產，金錢的演化正迅速邁向可編程、可監控的數位形式，一旦跨過這道門檻，就很難再回頭。這股趨勢可能會走向兩種極端路徑。第一種，是由政府主導的AI／GPT系統廣泛應用，藉由強制推行中央銀行數位貨幣（CBDC），配合地理定位與全面存取個人交易紀錄，即時監控所有金流並產出資料側寫，目的是揪出所謂的「敵對份

子」,甚至僅僅是不完全服從的個體,例如拒絕注射 mRNA 疫苗者。

2022 年加拿大卡車司機發起非暴力的自由車隊(Freedom Convoy)抗議行動[11],政府便凍結了他們的銀行帳戶,此舉預示了 AI 協助政府更容易做到監管與徵收私人財產。這樣的世界會像是歐威爾(George Orwell)筆下《一九八四》(*Nineteen Eighty-Four*)中的反烏托邦,消除人民的數位存在,以取代記憶洞的作用。中國和加拿大都接近這個階段,而美國和歐洲很快也會追上。

至於第二種路徑,更有可能造成社會崩塌。在這個世界裡,數位資產可能會隨著電力網路毀壞而無法運作,硬資產反而是更能保存財富的形式,但是口頭承諾這樣的信用形式會取代金錢,所謂「一

---

11 2022 年,加拿大政府強制規定經由陸路進入加拿大境內的卡車司機,必須接種新冠肺炎疫苗,引發諸多抗議,加拿大卡車司機組成自由車隊,從國內各地朝渥太華前進集結,進行非暴力抗爭。

諾千金」將不再是形容詞,還可能延伸出新的商業模式。

在十六世紀的銀行業家族中便是如此,在佛羅倫斯給予的承諾,不需要太多、甚至不用書面文件就可在倫敦兌現,而且在受益人抵達前也毋須溝通。絲路商隊的運作也是如此,撒馬爾罕（Samarkand）的商人委託運送貨物不必先付款,一年後,等到領隊從君士坦丁堡（Constantinople）回來就能換成黃金。金錢只在其次,信任最重要。

金錢會成為一個聲音,只是它究竟是屬於信任之人的聲音或政府的聲音,仍有待分曉。

4
經濟戰爭與國家安全

核子武器在本質上沒有道德或不道德之分，
只是比起大多數武器的使用更傾向不道德。
——赫曼·康恩（Herman Kahn），
1984 年於哈德遜研究所（Hudson Institute）

人類失誤的其中一種最危險形式，
便是忘記了自己努力想達到的目的是什麼。
——保羅·尼采（Paul Nitze）與麥可·史戴佛（Michael Stafford），
1991 年發表於《華盛頓郵報》

萬無一失

核子戰爭一觸即發,自從 1962 年古巴飛彈危機及其餘波後,現今對這個議題的討論更勝以往。之所以如此,有三個原因,第一個是隨著俄羅斯對烏克蘭戰爭窮盡一切手段,美國指控俄羅斯可能為了激化戰況而使用核武。如今俄羅斯使用傳統武器便能贏得戰爭,因此這樣的指控顯得可笑,但是如此的威脅及反威脅,已足以讓人注意到這個議題。

第二個原因是以色列及哈瑪斯之間的戰爭,同樣需要關注的是,此區的戰況愈來愈激烈。其中一個不無可能的情境是,黎巴嫩南部的真主黨會發射飛彈,密集轟炸以色列北方邊境,另闢第二條戰線,葉門的胡塞武裝組織也會加入攻擊。因為真主黨及胡塞武裝組織,皆是什葉派穆斯林及伊朗代理人,以色列便會攻擊身為激化源頭的伊朗。

以色列是擁有核武的國家,再加上附近有美國的航空母艦戰鬥群及核武潛艦,同樣擁有核武的俄羅斯及巴基斯坦也虎視眈眈,準備支援伊朗,戰爭升級成為核武交戰的可能性確實存在。

第三個原因便是 AI ／ GPT 的誕生和普及。AI ／ GPT 或許是三者之中最大的威脅,因為其內在邏輯與人類的邏輯並不相符,而正是仰賴人類的邏輯,才能維持著過去 80 年來的核武和平。

以戰止戰

雖然在冷戰過後,全球對於核武戰爭並沒有太多公開討論,但是自從 1945 年第一次使用原子彈以來,在 1950、60 及 70 年代冷戰全盛時期,核武戰爭在理論上及政策上一直是重要議題,包括愛因斯坦(Albert Einstein)、奧本海默(Robert Oppenheimer)等物理學家,以及冷戰早期的美國總統杜魯門(Harry Truman)及艾森豪(Dwight

Eisenhower），都很清楚核子武器擁有能夠摧毀地球生命的力量，不過，卻是由賽局理論學者、數學家及政治科學家，為核武發展及部署擬定了策略。最大的諷刺在於，核武戰爭必須是確實可能發生的事，才能真正避免核武戰爭。

主導這個領域的理論學者有康恩、諾伊曼（John von Neumann）、沃爾斯泰特（Albert Wohlstetter）、沃爾斯泰特（Roberta Wohlstetter）及季辛吉（Henry Kissinger）。諾伊曼這位數學家兼物理學家發明了賽局理論，尼采和季辛吉則是政策分析學者，同時是美國政府的資深官員，負責在冷戰期間主導核子武器政策。

尼采最出名的就是他在 1982 年與蘇聯大使克維辛斯基（Yuli Kvitsinsky）的「林中漫步」，期間他們討論了雙方對限制核子武器的妥協，這場漫步鋪成了道路，促成 1986 年美國總統雷根（Ronald Reagan）與蘇聯領袖戈巴契夫（Mikhail

Gorbachev），順利於冰島雷克雅維克舉行高峰會。

第二擊策略

在這些核子理論學者及政策擬定者當中，最具影響力的是康恩，他對這個主題有幾本重要著作，包括1960年出版的《論熱核戰》（*On Thermonuclear War*），以及1962年出版的《思考難以想像之事》（*Thinking about the Unthinkable*）。康恩採用了諾伊曼的賽局理論，再結合系統理論（人工智慧的先導理論）建立情境規劃（scenario planning）領域，他的論述主導了兩種信念，一是相互保證毀滅（mutual assured destruction, MAD），這派的想法認為，如果兩邊勢力皆擁有充足的核子武器，雙方都不會發動攻擊，因為進攻者會受到目標國家的反擊，最終被毀滅；二則是第二擊能力（second-strike capability）的相關想法，也就是說核武國家，應該要擁有足夠武器能撐過第一波攻擊，如此在遭遇進攻時，便能

發起第二波攻擊,而第二擊能力會嚇阻第一擊。

相互保證毀滅與第二擊能力都受到相當多批評,因為這兩派想法,都促使冷戰初期的十幾年間各國致力於核武軍備,1964年由庫柏力克(Stanley Kubrick)執導的電影《奇愛博士》(Dr. Strangelove)中,康恩被其諷刺為奇愛博士。

1972年,美蘇之間簽署了反彈道飛彈條約（Anti-Ballistic Missile Treaty）,以及第一輪戰略武器限制談判（Strategic Arms Limitation Talks I, SALT I）條約,限制不再新建核子飛彈發射井,同步停止生產潛艦飛彈發射管,核子武器競賽才漸漸消停。在接下來的20年間,陸續又簽訂了第二輪戰略武器限制談判、削減戰略武器條約（Strategic Arms Reduction Treaty, START）以及中程飛彈條約（Intermediate-Range Nuclear Forces Treaty）。雖然飽受批評,相互保證毀滅和第二擊能力策略,卻維持著80年來的核武和平及穩定,至今仍是核武作

戰的主要參考策略之一。康恩絕非好戰之人,而他願意面對核子武器令人難以接受的現實,也幫助我們維持了和平。

▍以康恩的升級理論為雛形的 AI 系統

以現今的人工智慧來說,與康恩最相關的貢獻是提出了升級理論(theory of escalation),這項理論於 1962 年發表,寫成了 16 階升級的階梯形式,在 1965 年擴展成了更為詳細的 44 階流程。康恩的升級階梯在 AI 世界當中的重要性在於,這套階梯非常接近 AI 系統本身設計的方式。

簡單來說,AI 系統的運作基礎是所謂的「層」(layer)結構。每一層都有自己的輸入節點,這些節點會接收與目標任務有關的原始數據,這些資料通常是已被轉換成數位格式的訊號。每個節點都會運用數學演算法,去找出資料之間的關聯。有些關聯可能非常隱微,甚至人類根本察覺不到。處理完

這些輸入後,節點會產生對應的輸出,並將這些結果傳遞到下一層的中間節點,然後進行新一輪的分析與運算,在這樣的過程中,可能使用不同的演算法來強化結果的準確性,生成的結果也會一層一層往上疊加,每一層的輸出會成為更高一層的輸入。

整體而言,這是一個持續進行的「輸入 → 處理 → 輸出 → 再輸入」的反覆運算流程。當這個系統累積到三層、四層,甚至更多層時,每一層可能包含數千個節點,同時處理數十億筆資料。最終的輸出節點,就會根據所有層的運算結果,給出一個具體的預測或結論。這個輸出結果可能是機率性的,例如:「美國與伊朗之間發生戰爭的機率是80%」;也可能是更具體的敘述,例如:「俄羅斯將會使用核子武器來捍衛伊朗在中東的利益」。整個神經網路的層級架構通常以「水平排列」也就是從左到右呈現,但也可以轉換為「垂直排列」即從上到下,將資訊流動的順序視覺化。

2009 年，我在新墨西哥州聖塔菲舉辦的一場風險研討會上發表談話，這場研討會的主辦單位，是洛斯阿拉莫斯國家實驗室。在當地，我與一小群人的討論涉及機密，提到運用人工智慧來模擬核子爆炸，就不必真的引爆核子裝置，因《禁止核試驗條約》（*Nuclear Test Ban Treaty*）而不得進行。實驗室中呈現的 AI 矩陣是垂直串聯的形式，輸出會成為接下來較低層節點的輸入，節點中的數學運算各有不同，而輸入／輸出的權重，則會透過反向傳播法，以梯度下降法不斷調整，這是第一章提過的機器學習特性。在這樣的模型中，各層的深度可能不同，考量到那樣的變化，以基本工程術語來看，所有 AI 模型之間都沒有太大差別。

如何避免事態升級？

這樣的結構與應用對康恩來說不算新穎，不過他的工程設計大多數都在自己腦中進行，而非以電

腦編碼的形式呈現。康恩的升級階梯，可以看成是垂直層堆疊起來的串聯輸入／輸出節點，每個節點都會處理因子（輸入），並影響下一個節點（輸出）。康恩的階梯上每一個步驟，都原本就簡化成數學運算，如今只是簡單呈現為具有權重及向量的節點。

這裡列出康恩44步驟中的部分，以他原本的編號順序排列：

1. 表面危機
2. 政治、經濟及外交表態
4. 強硬立場──對抗意志
6. 大量動員
7. 「依法」騷擾──報復
11. 超前部署狀態
12. 大型傳統戰爭（或行動）
14. 宣示發起有限傳統戰

15. 幾近無核戰
16. 核子「最後通牒」
17. 有限撤離（20%）
18. 武力的華麗展示或演示
19. 「合理的」反制攻擊
20. 「和平」的全球禁運或封鎖
21. 地方性核子戰爭——示範
22. 有限核戰宣言
32. 正式宣示發起「全面」戰爭
33. 緩慢進行城市戰爭
42. 毀滅平民攻擊
44. 恣意／無情戰爭

　　康恩寫下的步驟是描述比較廣泛的狀況，任何一場對峙都會有獨特的元素與順序，康恩的架構所透露的訊息是，為了避免核子戰爭，就必須避免事態升級。

核子戰爭對戰專家同樣認為，實在很難想像在沒有立即生存威脅或事態升級過程的情形下，使用核子武器，反之，使用核武會是終結曠日持久之戰的最後手段，例如美國在 1945 年 8 月 6 日至 9 日對日本使用原子彈，或者是在對峙不斷升級之下，參與其中者似乎別無選擇，只能使用核武。

▍古巴飛彈危機中的核彈威脅

　　典型的事態升級案例是 1962 年 10 月 14 日至 28 日的古巴飛彈危機，這件事的前因，包括美國在 1961 年於土耳其及義大利設置核彈，以及美國在 1961 年 4 月企圖從豬玀灣（Bay of Pigs）入侵古巴失敗，蘇聯的回應則是在 1962 年夏天，於古巴設置中程及中長程核彈，藉此嚇阻美國未來的侵略。

　　1962 年 10 月 14 日，一架 U-2 偵察機，拍攝下蘇聯飛彈發射裝置的照片證據，時任美國總統甘迺迪隨即召集主要國家安全顧問（Executive

Committee of the National Security Council, EXCOMM），並在 1962 年 10 月 22 日下令對古巴實施海上封鎖。同時，美國要求立即移除已經運送到古巴的核彈，當天晚上，甘迺迪總統對全國發表談話說：「這個國家的政策，應該將所有古巴對準西半球發射的核彈，視為蘇聯對美國發動的攻擊，而必須對蘇聯發起全面報復來回應。」

甘迺迪將攻擊西半球國家與攻擊美國畫上等號，巧妙地援引了門羅主義（Monroe Doctrine）。這下，甘迺迪將全世界帶往了核戰爆發的邊緣。

▎最後警告

經過了幾天高風險的協商及檯面下的接觸後，蘇聯領袖赫魯雪夫（Nikita Khrushchev）在 10 月 26 日傳遞訊息給甘迺迪總統，其中說到：「我們和你們各拉著繩子的一端，如今你們已經打上了開戰的繩結，就不該再用力拉緊，因為我們兩邊拉得愈用

力,繩結就會打得愈緊⋯⋯如果無意拉緊繩結,讓世界淪陷於熱核戰的災難中,那麼我們不僅應該鬆開雙方拉著繩子的力道,更要想辦法鬆開繩結,我們已經準備好了。」如果甘迺迪將態勢升級到了邊緣,那麼赫魯雪夫如今便敞開了解除升級的門。最後,美國私底下同意移除義大利及土耳其的飛彈,蘇聯也同意移除古巴的飛彈及幾架輕型轟炸機,美國還同意不會入侵古巴。

赫魯雪夫於1962年10月28日公開宣布協議,甘迺迪也很快表達贊同。古巴的飛彈最終於11月20日移除,美國終止了封鎖行動,雖是千鈞一髮,總算避開了核子戰爭。

古巴飛彈危機的發生順序,相當符合康恩階梯上的幾個步驟,包括步驟4(強硬立場)、步驟11(超前部署)以及步驟20(禁運或封鎖)。如前面提過的,每一次升級的動能都依循著自己的路徑,各個團體可能跳過特定步驟、遠離升級,並且在不

對稱的對峙中處在階梯的不同步驟，不過康恩的架構仍是擲地有聲的提醒，所有升級的路徑，最後都會走到殘忍無情的核子戰爭。

▌前提是「雙方能保持理性」

將康恩的階梯放進人工智慧的模型中，是很直接的做法，也成為用來當成分析風險升級最常用的工具，分析的案例包括伊朗、北韓、俄羅斯及中國。困難之處在於，階梯上的步驟在設計上有特定的假設，認為雙方都是理性的行為者，同時對於另一方的目標、意圖及優先事項，即使不是十分熟知也相當了解。基本的信念是，沒有人想要會造成同歸於盡的結果。當然，這麼說也代表有可能，其中一方或許會想發動他們認為，自己可能獲勝的核戰。雖說如此，還是有可能因為誤解、資訊不足、誤判意圖或者非理性行動而引發核戰。

康恩描述出這些步驟，希望能夠建立起一套聰

明的預警系統,在領袖踏上開戰之路時,可以警告他們停下腳步或阻止事態升級。同時,階梯也暗指著關鍵的門檻,一旦跨過去了就會自己活動起來,即使隱含著重要訊號:事件將朝向全面核戰發展。包括康恩在內的所有核戰對戰理論學者,對於對峙升級都得出相同的結論:不要往那裡去,康恩的貢獻在於讓步驟變得更多、更明確。

但 AI／GPT 的出現,讓康恩的階梯變得更加難以精準分析,接下來的事態發展。普魯士軍事理論學者馮克勞塞維茲(Carl von Clausewitz)認為,所有戰爭都籠罩在所謂「愈濃或愈淡的不確定性迷霧中」,後來便簡稱為「戰爭迷霧」,是指所有參與軍事對峙的人,都會遭遇狀態意識中的不透明性,包括在事態升級的早期階段。

有一本文學作品恰好能說明,美國作家克萊恩(Stephen Crane)的戰爭小說《紅色英勇勳章》(*The Red Badge of Courage*),最著名的是文筆寫實及對

色彩的運用，但是在小說中，克萊恩卻從未提及這場戰役的名稱、地點或者指揮官有什麼人，敘事主角佛萊明（Henry Fleming）經歷了強烈的情緒及心理衝突，卻似乎不知道自己到底身處何方、要去哪裡，或者接下來會發生什麼，那就是戰爭迷霧，影響著戰場上從小兵乃至於總指揮官等每一個人。

▍AI 迷霧

AI／GPT 會創造自己的迷霧。演算法愈是精密複雜，開發者和工程師就愈難了解，輸出結果是怎麼冒出來的，這一點放在核戰理論學者所謂的《戰爭論》中提到的「第四代戰爭」中尤其真確，此一論述是指自冷戰以來，便開始發展的核戰及嚇阻理論。即使不靠 AI／GPT，戰場也已經變得更加複雜，原先雙邊對峙的世界，一邊是美國和幾個盟友，另一邊則是蘇聯，也就是後來的俄羅斯，已經轉變成了多邊牽制的景象，其中北韓、巴基斯坦、

印度、中國和以色列,確實站在擁有核武的一方,而伊朗也慢慢接近那個狀態。

如今的世界已經不再是靠著第二擊能力,就能嚇阻核戰,像伊朗這樣宗教狂熱的國家,反而可能會發起第一擊,對準像以色列這樣宗教凝聚力強的國家,既不顧以色列的第二擊能力,也不考慮美國可能發動的報復性攻擊。

▌核武之外的止戰途徑

原先在世界上,要攻擊核子武器系統就幾乎不得不使用核子武器,解除是現在我們面對的是,有可能藉由非核武方式解除對核武發射地點的攻擊,包括網路攻擊、無人機、雷射武器、超音速飛彈及太空基地系統,若是沒有核武第一擊,那麼核武第二擊的意義是什麼?中國原則上是堅守相互保證毀滅嚇阻法則,卻對自己的第二擊能力非常不安,因為他們的規模相對較小,同時又有解除核武的新

不對稱作戰方式。

AI／GPT 同時具備深層的機器學習及預測分析，既能夠促進這些新能力，例如根據準確的視覺及電子監控，達成精準無人機目標設定等，同時能夠強化攻擊鏈的決策過程。

以上的說明顯示在核武對戰運用 AI／GPT 時，理論上有兩種方式，比較直接的方式是掌握 AI／GPT 的能力，運用深層神經網路來分析不斷升級的危機，上百萬個參數可以考量到更多因素，遠勝於任何人類分析師所能處理的數量，並在電光石火間運算及產出結果；AI／GPT 的另一個角色就是插入在指揮鏈中，提供發射的建議，或者依據預先設定好的指令，實際執行發射。

▌是專家，也可能是專業間諜

雖然有專家注意到這兩種可能性，運用起來或許沒什麼差別，若是 AI／GPT 得到的結論，是認

為對手即將發動第一擊,指揮官或政策制定者要如何自制,才不會下令先發制人,以避免向對手發動第一擊?反之,如果攻擊鏈中的 AI ／ GPT,可以自動發射飛彈反擊,例如俄羅斯在他們別稱「死亡之手」的周界系統(Perimeter)中,便能在特定情況下執行這類反擊,人類指揮官一定能得出不同的結論嗎?

事實上,在核戰升級的發展態勢中使用 AI ／ GPT,既能夠降低風險,比如提供超過人類分析師所能處理的專家解讀,也可能增加風險,像是提供「黑箱」結論,並消弭人類特質,諸如同理心、文化理解及減少風險的直覺。

應用 AI ／ GPT 而引發核戰的風險提升,不僅僅是因為在攻擊鏈中的精密演算法,可能造成無可預期的結果,有些 AI ／ GPT 產生的不利後果,可能牽涉到相當常見的起因,例如誤會、誤讀及誤判。所謂的核武嚇阻,歸根究柢就是擔心敵人的第

二擊,可能破壞性極大,所以決定不發起第一擊,而這個決定最重要的,便是仰賴人類對手的行為心理學,認知到對手確實擁有第二擊能力,這是理性考量後的結果;而相信對手會發起第二擊,也是合乎理性的信念。

▌任何過分信賴,都可能摧毀彼此

假定自己或對手會理性思考,是相互保證毀滅的基石,任何會扭曲或者降低對理性的依賴,都可能是不穩定的因素。

明顯引發不穩定的案例,在攻擊鏈中都包含了非理性的行為者,例如伊朗的什葉派領袖。AI／GPT 也可能帶來類似的因素。如果對手透過採取升級步驟來誇大聲勢,企圖讓目標國家有所讓步,人類或許能推論出這只是在吹牛,便採取姑息策略而不必進一步升高對峙,並依舊保持警覺;AI／GPT 對人類的動機缺乏細微的理解,只會建議進一

步升級,讓雙方更接近「不用就會輸」的發射核彈情境。從這個層面而言,AI／GPT 更有可能會讓核戰發生。

在此說明美國在冷戰期間的核武攻擊鏈,會比較清楚。洲際彈道飛彈的發射台上,有兩顆要由兩名士兵操作的發射按鈕,兩顆按鈕必須同時啟動才能發射飛彈,按鈕分開有一定的距離,只有一個人不可能同時啟動兩顆按鈕。士兵接收到適當的指令後必須協同行動,兩名海軍軍官就站在士兵後方,如果士兵自作主張,或試圖在沒有命令的情況下發射飛彈,海軍軍官便受命要立即殺死士兵。在發射室外的走廊上,駐守著兩名海軍陸戰隊,如果陸戰隊員發覺海軍和士兵通力合作,要在指揮鏈外發射飛彈,他們收到的命令就是馬上殺死所有人。這種管控方式,沒有任何人工造假的部分。

1964 年的電影《奇幻核子戰》(*Fail Safe*)所描述的情節,就是典型意外引發的核子戰爭。電影

中,美國的雷達偵測到未知但可能懷有敵意的航空器侵入美國領空,美國空軍很快就認定此航空器是民航機。同時,一台電腦回應這架飛機入侵的方式,卻出了差錯,下令由葛雷迪上校(Colonel Jack Grady)領導的美國戰略轟炸機大隊,對莫斯科展開核武攻擊。

▌當一切自動化,誰能阻止 AI 按下按鈕?

在電影中,是虛構的名稱「護航者」(Vindicator)來形容執行攻擊的飛機,而依其描述,最接近的是在 1960 至 70 年間,裝載核子武器的 B-58 轟炸機,不過事實上,在 1964 年最有可能接到這項命令的應該是後掠翼、八引擎的 B-52 同溫層堡壘戰略轟炸機,於 1955 年首次出動,現今仍有服役。自從冷戰結束後,B-52 轟炸機便與 B-2 幽靈戰略轟炸機一同,作為美國核三位一體中的空軍組成。

4 經濟戰爭與國家安全

美國努力想辦法撤銷命令並叫回轟炸機,但因為蘇聯干擾了無線電頻道而失敗,總統下令軍方射下轟炸機,於是急忙派出多架戰鬥機去執行命令,戰鬥機掛上後燃器以追趕上護航者,可是戰鬥機因為增加的燃油耗損而栽入了北冰洋而任務失敗。

接下來,總統聯絡上蘇聯總理,總理同意停止干擾訊號,總統才能與護航者戰鬥群隊長談話以,取消攻擊,但是軍隊受過訓練,以為這是蘇聯的詭計而不予理會。然後美國提供蘇聯技術上的協助,要幫他們打下轟炸機,護航者全數遭到擊落,獨漏了領隊的轟炸機。總統讓葛雷迪上校的妻子透過無線電說話,葛雷迪猶豫了,但很快就忙著躲避蘇聯的飛彈,於是判定妻子的聲音其實是欺敵戰術。

總統預期到最壞的情況會發生,也希望能夠避免全面核戰,於是儘管他知道第一夫人就在紐約市,仍下令一架美國的核武轟炸機飛了過去。最後,莫斯科遭到美國的核子武器摧毀,總統也下令

在紐約投下核彈,以帝國大廈為原爆點,希望犧牲紐約以換取莫斯科停止事態升級,但在電影中並未演到這段,下一步懸而未定。

下對的指令,AI 卻可能做錯?

雖然《奇幻核子戰》已經是 60 年前的電影,相關議題已經浮現,而劇情中的幾個轉折點,也十分符合現代情境。電影中一直沒有解釋,引發攻擊的電腦在技術上犯了什麼錯,但那不是重點,電腦錯誤在重要的基礎建設中經常出現,可能造成確實的損失,包括停電和列車事故,這類電腦錯誤,便是現今在討論戰略系統運用 AI ／ GPT 時的重點。

AI ／ GPT 在指揮與管制的情境下,可能就像《奇幻核子戰》中運作不良並發出錯誤指令,或者更有可能的是,AI ／ GPT 可以按照設計運作,卻因為工程錯誤、偏頗的訓練集,或者依據人類難以察覺的條件及相關性而出現非常規判斷,結果發出

致命的指令。

或許最能引起現代觀眾共鳴的是,總統及葛雷迪上校的妻子無論多麼努力,都無法說服這位護航者的指揮官取消攻擊,正是因為葛雷迪所受的訓練,預期可能發生這類狀況並將之視為欺騙。現今這類欺敵行為,會透過第一章描述過的深度偽造技術,加速地傳播開來,而且看起來更具可信度。

儘管背後的科技更加精密,不過想必指揮官受過一樣的訓練,仍然會對這種請求置之不理。從這裡可以了解到一件事,無論科技如何進步,但人性層面依然相同。

▌優秀射手演習事件

還有一次因誤解而差點引發核戰的事件,這次是真的,不是虛構,是 1983 年代號為優秀射手演習(Able Archer 83)的事件。

1980年代早期，蘇聯最重要的情報單位KGB，非常重視美國對蘇聯領土發動第一次核武攻擊的可能性，當時布萊茲涅夫（Leonid Brezhnev）是蘇聯共產黨的總書記，安德洛波夫（Yuri Andropov）則是KGB的領導人。安德洛波夫之所以產生這樣的疑慮，部分原因是1980年，雷根當選美國總統，而雷根計畫要在歐洲設置潘興II（Pershing II）中程飛彈。

　　這些飛彈能夠裝上核武彈頭，發射後幾分鐘內就能擊中蘇聯，這讓蘇聯的軍隊，處在一觸即發的警戒狀態中，他們採取了「預警即發射」的姿態，意思是只要發現可靠證據顯示，對方打算發起第一擊，蘇聯就會自行發起第一擊，以免己方軍力遭到破壞而可能要向美國投降。諷刺的是，美國沒有實際計畫要發起第一擊，但是蘇聯並不知道，而雷根多次發表關於「邪惡帝國」的演說，也無助於安撫蘇聯的憂心。

這次事件後來稱為「戰爭恐慌」,結果讓安德洛波夫宣布執行大量收集情報的計畫,要追蹤可能負責發起及執行這類攻擊的人,包括他們工作的機構及通訊管道。

▍雷根政府的祕密行動

同時,雷根政府展開一系列祕密軍事行動,積極以海軍軍艦刺探蘇聯水域,並派遣戰略轟炸機直接飛向蘇聯領空,在最後一刻才調轉方向。這些試探表面上是測試蘇聯的防禦能力,卻也成功對蘇聯營造出,美國在計畫核武攻擊的假象。分析師都認為,對峙升級及實際核戰發生最大的風險,就在於雙方認知不同,導致雙方無法理性評估進而走在不同的道路上,計算出不同的結果。

1983年的情勢變得更加緊繃,美國海軍一架F-14雄貓式戰鬥機,飛越了蘇聯在千島群島(Kuril Islands)的一處軍事基地,蘇聯的回應則是

派遣戰機飛越阿拉斯加州的阿留申群島（Aleutian Islands）。1983年9月1日，蘇聯的戰鬥機在日本海上方，擊落了大韓航空007號班機，飛機上有一位美國國會議員。

1983年11月4日，美國和北約盟國展開大規模的軍事演習，代號為優秀射手演習，演習目的是模擬在一系列事態升級後，對蘇聯展開核武攻擊。最大的風險在於，升級情況都清楚寫在演習的簡報手冊裡，但並未實際進行模擬，真正模擬的是從傳統交戰轉化成核戰的演習。這場演習發生的時間點，正逢蘇聯與KGB在積極尋找核武攻擊的跡象，而演習的模擬中關於北約的指揮、管制及通訊協定都非常逼真，包括德國總理柯爾（Helmut Kohl）及英國首相柴契爾（Margaret Thatcher）都參與其中，蘇聯完全有理由相信，這場軍事演習是為了掩護真正的攻擊。

蘇聯相信美國正在計畫使用核武進行第一擊，

他們推導出的結論是，要存活下來的唯一途徑，就是先發制人，搶先發起第一擊。他們下令在蘇聯空軍的戰略轟炸機上，掛上核武彈頭，並且讓波蘭及東德的核武戰鬥機，進入高度警戒。

中校抗命，救了全世界

這場瀕臨開戰的現實戰爭，還有一個更令人毛骨悚然的背景故事。蘇聯先前用一種原始的 AI ／ GPT，建立了一套與電腦連結的預警雷達系統，代號天眼（Oko）。1983 年 9 月 26 日，離優秀射手演習事件不到兩個月時間，這套系統運作不良，回報從美國發射出五枚洲際彈道飛彈正接近中，天眼響起警報，電腦螢幕上閃現「發射」字眼。根據協定，螢幕上的「發射」不是警告，而是電腦生成的反擊指令。

蘇聯國土防空軍中校佩卓夫（Stanislav Petrov）看見了電腦指令，必須馬上決定應該將指令視為電

腦故障,或者通報上級軍官,通報後,上司很可能進行反擊。

佩卓夫是天眼的共同開發者,知道系統會犯錯,他也預估如果攻擊是真的,美國會發射出遠遠不只五枚飛彈。佩卓夫是對的,電腦將太陽光照到鄰近雲層反射的光,誤判為接近的飛彈。

考慮到近日來的緊張氣氛,以及KGB相信隨時會發生核武攻擊,佩卓夫賭上蘇聯的未來,而手動接管了天眼系統,依據推論、經驗及直覺的綜合結論解除了攻擊鏈。這起事件一直是祕密,直到冷戰結束許久之後才曝光,不久佩卓夫便被封為「拯救世界的男人」。

優秀射手演習也在確認衝突不會再升級後,宣告結束。美國發覺到蘇聯軍隊進入核戰警報時,美國空軍中將佩魯茨(Leonard H. Perroots)便決定,不要讓北約軍隊準備得太充分,如此若蘇聯決定要

搶先發起第一擊,他們就擁有重要的優勢,但這麼做同時也降低了第一擊的可能性,因為美國拿出了真憑實據,顯示北約並未自行升級到攻擊階段。

佩魯茨也和佩卓夫一樣,做了正確的決定。蘇聯等著優秀射手演習結束,到了1983年11月11日模擬結束後,雙方都能解除自己的高度警戒,恢復到平時的備戰狀態。

▍美俄衝突始於 AI?

從1981年1月開始,雷根政府採取了積極備戰的態度;1981年5月,蘇聯出於恐懼,展開近乎偏執的行動回應;1983年11月,優秀射手演習差一點就讓蘇聯打算先發制人,發動核武攻擊;乃至於佩魯茨決定按兵不動,讓風險降級,這一連串事件都和現今 AI ／ GPT 在攻擊鏈中,可能應用的範疇上有神奇的對應,同時包含我們對其運用所學到重要的教訓。

優秀射手演習危機中，AI／GPT 層面的起點是蘇聯在稱為 VRYAN（核彈突襲的俄文縮寫）的電腦程式中，運用了一種原始形式的 AI／GPT，這套程式是由 KGB 開發。VRYAN 的存在及與佩魯茨決定之間的交互作用，一直到 2015 年，解密了一份總統外國情報諮詢委員會（President's Foreign Intelligence Advisory Board, PFIAB）的報告後，才完全對大眾公開。

這份報告寫於 1990 年，並分類為最高機密等級以上，總統外國情報諮詢委員會報告中，描述 VRYAN 如下：「VRYAN 是一套由蘇聯情報機構 KGB 所開發的電腦模型，它的任務，是要預測美國是否有可能對蘇聯發動攻擊。負責這套系統的分析師，採用一個核心假設：如果美國在全球的實力，強大到足以壓倒蘇聯，那麼美國就可能會選擇先發制人。

在這樣的前提下，VRYAN 必須要透過可量化的方式，來分析什麼時候會出現這種風險。所以，只要系統偵測到蘇聯在軍事或經濟上處於『絕對劣勢』時，程式就會發出戰略警告，提醒領導階層：現在是美國可能動手的時機點。這背後反映的是，蘇聯對國際局勢的一種基本信念：當兩強實力懸殊太大時，局勢就會變得不穩定，特別是對那個弱勢的一方來說。」

▌VRYAN 如何差點摧毀世界？

VRYAN 需要大約 4 萬筆軍事、經濟及政治資料輸入，運算出蘇聯相對於美國的實力，並以百分比輸出結果。若蘇聯與美國實力相當，模型呈現的數值會是 100％。蘇聯的領導高層認為，如果蘇聯可以維持在 60％，美國就不會動用核武發動第一擊，不過他們認為，70％能夠擁有更安心的餘裕。VRYAN 輸出的結果在 40％時，就是很關鍵的

門檻,美國可能會覺得此時發起第一擊的風險,是可以接受的,因為蘇聯無法發動成功的第二擊。在1981年至84年那段危險的幾年間,VRYAN算出的數值一直穩定下降。到了1984年,VRYAN數值已經下降到45%。

布萊茲涅夫與安德洛波夫在1981年,決定要大幅提升情報收集量,希望能夠偵查出美國對第一擊的準備,KGB及蘇聯政治局所倚賴的VRYAN系統便是一個重要因素。其實,在KGB尋找核武第一擊的證據時,同一時間,美國正在演練使用核武進行第一擊,優秀射手演習讓KGB有充分的理由,懷疑美國確實以軍事演習掩護第一擊的準備。

布萊茲涅夫於1982年11月過世,安德洛波夫繼任成為蘇聯領袖,這讓KGB內部更重視與美國核戰意圖相關的情報。安德洛波夫自己在1984年2月因腎衰竭過世,繼任的是契爾年科（Konstantin Chernenko）,他在1985年3月去世。不到三年間

就有三名蘇聯領袖死亡，讓人民對核戰更感到恐懼與不安。

▌AI 無法預判你的預判

VRYAN 輸出的結果，因為美國在判斷蘇聯意圖的情報上出現重大失誤，而變得更加複雜。美國情報分析師認為未來會與過去相仿，蘇聯的警戒其實只是政治宣傳手段，意在阻止美國於歐洲建置潘興 II 中程核彈。同時，美國分析師還犯了所謂「鏡像偏誤」的錯誤，也就是相信因為自己知道某件事，對手必定也知道，並且對接下來的發展有同樣想法。在這個案例中，美國人認為因為自己不打算發起第一擊，蘇聯也知道這個意圖，所以沒有擔心的理由；事實上，蘇聯的看法卻正好相反，一部分也是依據 VRYAN 分析出來的資訊。

即使是佩魯茨中將在優秀射手演習期間，做出不讓北約軍隊升級防備的決定，此舉可說避免了第

三次世界大戰,在總統外國情報諮詢委員會報告中,也正式提出批評,報告說佩魯茨的決定「雖是資訊不足,卻屬偶然」,並繼續評論佩魯茨和他的部屬,「這些軍官的行動確實是出於直覺,而非接收了解情勢後的指示,因為前幾年在籌備優秀射手演習時,根據他們情蒐結果,沒有跡象顯示蘇聯的軍事及政治考量,可能出現重大的改變。」換句話說,佩魯茨是基於錯誤原因,做了正確的決定,他倚靠直覺而非現有的政策,若是他往上交給指揮鏈決定,就可能造成災難性的結果。

一套缺乏直覺的 AI ／ GPT 系統(VRYAN),再加上指揮鏈(佩魯茨的上級)的人忽略直覺,反而偏好包括鏡像偏誤這類有瑕疵的分析,兩者相互作用的結果,可能就是在 1983 年引發核子戰爭。這正是我們現今所遭遇的危險。

▍人類經驗無法被取代

1983 年 9 月的天眼一案，是因電腦運作不良而展開了攻擊系列行動，與 20 年前《奇幻核子戰》的情節非常類似。1983 年 11 月的優秀射手演習事件，則是認知不相符的案例，北約指揮官不明白，他們眼中例行性的軍事演習，被誤判為計畫好的攻擊，美國也不了解蘇聯有多麼焦慮、多沒有安全感；至於蘇聯，他們對於美國可能發起第一擊的擔憂，恰好可以成為確認偏誤的典型案例，他們對事件的認知，會經過篩選以符合預先認定的敘事。

兩個案例都是靠著人類的常識才化解了危機，前者是佩卓夫決定忽略發射的指令，後者則是佩魯茨在面對蘇聯方升級情勢時，決定不跟著升級，兩位軍官在關鍵情境中違抗標準作業流程，而避免了核戰。

1962年古巴飛彈危機發生時，沒有成熟的AI，更沒有GPT，但是當時已經在使用電腦，科技也扮演重要角色，才能讓U-2偵察機拍下，顯示出蘇聯在古巴建置飛彈基地的照片。當時已經具備了合作協定及標準作業流程，包括甘迺迪總統區分了海上「封鎖」（戰爭作為）及「隔離」（較不嚴重），希望能夠避免對峙升級。不過，解除危機依然是人類的判斷，正如赫魯雪夫寫給甘迺迪的信件，以及甘迺迪決定移除美國在土耳其及義大利的飛彈。同樣地，是人類的判斷避免了核戰，而非電腦及程序。

一個最後導致核戰的案例是《奇幻核子戰》，雖然是虛構故事卻很有啟發，電影中擁有最後決定權的是運作不良的電腦，而總統及指揮官的妻子這兩個人類企圖干預的行動都失敗了，因為軍官嚴格遵守協定，駕駛艙中沒有佩卓夫也沒有佩魯茨。

▍別把核彈發射按鈕交給 AI

核戰對現代人的啟示非常清晰，就是將攻擊與否的決定權交給 AI／GPT，無論設計得多麼精妙，仍會大幅提升核戰的風險。事實上，神經網路愈深、機器學習的路徑愈密集，人類更有可能依賴系統而造成損害。就像在第一章檢視過的市場行為，人類會將機器人視為人類，因為認為機器人應該相當精密，而給予過多的信任，人類通常會忽略不斷出現的錯誤，也忽略了 AI／GPT 系統容易在自動迴歸模式中，爬上升級階梯，而沒有考慮到虛張聲勢、恐懼、焦慮、失誤或僅僅是誤解動機。AI／GPT 系統會權衡搶先發起第一擊，是否比第二擊更有利，卻不會考慮到對手發動第　擊的威脅，是威脅還是虛張聲勢。

移除攻擊鏈中的 AI／GPT，而依據其高超的運算量能及分析能力，交付 AI／GPT 專家顧問的角色，這樣的解決方案也非盡如人意。指揮官可能

就像想尋求第二種意見的病人，只是沒有數週的時間，而是幾分鐘內就要找到。在戰爭迷霧最濃、國家似乎立即就要遭受摧毀（其實不會）時，讓 AI／GPT 建議發起攻擊，無所不在的恐懼可能獲得壓倒性優勢。

這種情況非常有可能發生，因為 AI／GPT 的設計就是產出機率最高的結果，而運算所使用的許多資料輸入，正是指揮官同時在思考的依據，於是加強了確認偏誤，也就犧牲了創新的思維模式。

美中 AI 軍備賽

這番關於在核子戰爭中使用 AI／GPT 的批評，或許不重要，不過總有一天會發生。事實上，美國與中國之間已經展開某種 AI／GPT 軍備競賽，無疑遲早會牽涉到其他核武國家，例如俄羅斯、印度、巴基斯坦及以色列。有證據顯示，核武國家愈是感到不安，就愈努力提升 AI／GPT 方面

的相關實力,他們認為如此在分析能力競賽中,能追上其他國家。

中國便是很好的例子。美國擁有 5,244 枚核子彈頭,相較之下中國只有 500 枚,中國的核武火藥庫相當龐大,足以摧毀地球上大多數生命,卻仍可能不足以撐過美國的第一擊。在這樣的情況下,中國需要更強大的 AI／GPT 系統,提出更精確的預警結果。中國使用 AI／GPT,也相當符合該國高度集權、由上而下的決策過程,發射飛彈的能力並未交託給指揮鏈底層的人員,而他們對外國文化的了解,尤其是對美國也一點都不細膩。這讓中國處在兩極化的處境,不用就會輸,所以領導高層會相當需要 AI／GPT 的建議。

美國不能輸的壓力

既然中國如此,就會讓美國也無法避免使用 AI／GPT。多年來,美國軍方及國防高等研究計

畫署（Defense Advanced Research Projects Agency, DARPA）一直在研發創新的 AI ／ GPT 系統，除了這些努力之外還有民間公司，創建出比軍方更深層、更複雜的模型。

AI ／ GPT 是典型的兩用科技，民間應用的進展馬上就能用在軍事領域，而這項研究，對這兩方面確實都很有價值，因為 AI ／ GPT 找出相關性的能力遠勝於人類，同時 AI ／ GPT 在競爭上也有其必要性，美國軍方的指揮官，都不希望在跟中國打仗時，中國有高階 AI ／ GPT 而美國卻沒有。

美國和俄羅斯在冷戰期間，競相累積上千枚核子彈頭，而這樣的動力如今則驅使美國及中國，更甚至是和其他國家，逐步部署更複雜的 AI ／ GPT 系統。雙方並非沒有察覺到其中的危險，只是都不想落於人後。對手會想要收穫 AI ／ GPT 的好處，同時緩和其風險，而在控制 AI ／ GPT 的人，發現自己根本知道風險有多大時，為時已晚，最終的災

難仍會到來。

▎為什麼美中 AI 軍備賽更具風險？

美國與中國之間的 AI 升級，比起與俄羅斯的較勁更加危險，因為雙方的文化差異更大。俄羅斯文明雖然與西方文明不同，俄羅斯很清楚這個現實，不過仍有共通性，包括基督教的重要形式，還有歷史上的往來等，因此能進行細膩的溝通。不過對應到中國，在文化上、歷史上及宗教上與西方的差異實在太大，想要倚賴人與人的溝通來避免誤解就很難；因為文化連結並不密切，就會更仰仗 AI ／ GPT。最後便更有可能造成對峙升級及核戰，因為 AI ／ GPT 缺乏同理心。

AI ／ GPT 引發核戰的威脅，不僅僅來自於擁有核武的強國，也有可能來自第三方和非國家的行為者，運用 AI ／ GPT 來創造所謂的催化性核子災難。「催化劑」是一種化學物質，能夠在其他化合

物中引發劇烈反應,本身卻不參與反應;套用在國際關係中,指的便是可能促使各國強權引發核戰的行為者,自己卻不會捲入戰爭,在各個強權自毀後,弱勢的行為者就可能處在相對強勢的地位。

催化性核武攻擊所使用的方法,或許與核武強權彼此直接對戰的方法很類似,包括深度偽造、政治領袖,在社交媒體上發出假威脅、駭入指揮與管控系統、關於事態升級及高度警戒的假新聞、無人機攻擊,以及各種其他技巧,目的就是要製造恐懼、誤解及沒有必要的緊張感,逼迫對手在升級階梯繼續往上爬。

運用催化劑的人,若是在這些路線上啟動了 AI ／ GPT,核武強權使用的 AI ／ GPT 在解讀訊號時,不會把這些資料視為操弄手法,而是當成確實的威脅,那麼接下來,敵方的 AI ／ GPT 就會以預設的內部邏輯,建議進一步升級,如此讓核武國家的指揮官及領導者,面臨強大壓力,而無法忽略其

建議。

▌讓 AI 自己判斷，制衡就會消失

另一個在核武領域應用 AI／GPT 的後果是，若是出現破壞相互保證毀滅架構穩定的 AI／GPT，那麼具備嚇阻效果的整套核武攻擊系統，可能淪為廢物。美國所依賴的核三位一體組成，包括部署在陸地上的洲際彈道飛彈（intercontinental ballistic missiles, ICBMs）、在空中的戰略轟炸機，以及潛射彈道飛彈（submarine-launched ballistic missiles, SLBMs），這樣的陣型被認為很適合維持第二擊能力，例如說，敵方的第一擊讓 ICBM 失去能力後，就要面對從機動性更高、更難偵查的潛射彈道飛彈所發出的第二擊。俄羅斯也有三位一體的能力，不過更著重倚賴陸地上的移動式發射器，這些發射器具備機動性，也就比美國洲際彈道飛彈固定位置的發射井，更不容易受到第一擊影響。

其中的危險是，諸如地理空間監視系統、電磁通訊偵測、5G 以及包括 GPS 在內的太空科技等，都透過 AI ／ GPT 而更加強大，可能讓美國的潛射彈道飛彈與俄羅斯的移動式發射器，更容易受到非核子武器的威脅，包括第一人稱視角（first person view, FPV）無人機群、訊號干擾及錯誤信號。如果三位一體的其中一腳搖晃不穩，剩下兩隻腳就要承受更多重量，才能維持嚇阻能力，這代表決定時間會更短、面臨更大的壓力去思考是否要收到警報就發射，而非可以等到第一擊過去，仰賴發起第二擊的能力。

包括兩用科技 AI ／ GPT 在內的任何發展，若是讓核武攻擊，變成「不用就會輸」的壓力，就更有可能使用到這種能力。AI ／ GPT 或許不會改善決策能力，大概就跟在攻擊鏈中，多加一位參與者的效果差不多，卻會增加不確定性，讓戰爭迷霧變得更濃。

▌對抗 AI 幻覺，還得是 AI

美國情報體系（Intelligence Community, IC）已經發現其中部分的風險，卻仍堅持要繼續進行，盡快應用 AI 及「生成式人工智慧」（generative artificial intelligence, GAI；GPT 的一種形式）。美國的公開來源情報（open-source intelligence, OSINT）政策近來發布聲明：「在測試 GAI 運用及發展、演進其應用技術方法上，公開來源情報，應該是美國情報體系最重要的社群。」這項政策知道「公開來源情報的技術與訓練，必須更新、改善，以減少 GAI 的潛在風險，包括不準確性及人工幻覺」。

這個警告只是順帶一提，和 AI／GPT 的危險稍微有點關係，而且也無法減緩向平民與軍隊中的間諜，應用這項有缺陷的科技。

▎閃電戰無預警展開,文明於是終結

最大危險在於前述因素組合起來,會變成致命的混合物,稱為「閃電戰」。閃電戰的基線和冷戰期間,特別明顯的各種綜合因素沒什麼不同,包括不信任、誤解、文化差異、對第一擊的恐懼、在第一擊臨近時先發制人的好處、電腦錯誤,以及最重要的是時間壓力,也就是在幾分鐘內,必須做出影響人類文明發展的重大決定,而在這綜合因素中,又加上了因 AI ／ GPT 進化而產生的新成分,包括人類傾向將 AI ／ GPT 擬人化,給予過多的信任,如此會造成分析師口中的自動化偏誤,也就是過分依賴 AI ／ GPT。

自動化偏誤會讓人類忽略電腦錯誤,也會忽略 AI ／ GPT 在解讀資料時缺乏細膩,同時 AI ／ GPT 也缺乏無形的能力,例如同理心、常識與直覺,不過確實也可能表現出停頓並修正極端的反應,有時會誤導人類。而雙方皆使用 AI ／ GPT 的時候,這

些額外的壓力又會更加劇烈,其中一方發現對手接收了相同或相似的資訊,也在十分緊繃的時限內運作時,便會加快自己的決策速度,分鐘壓縮到秒鐘,在升級階梯穩穩往上爬成了瘋狂競速,僅僅考慮幾小時或幾週,像是優秀射手演習或古巴飛彈危機,就會發出先發制人的攻擊指令。後面這兩個例子中曾考慮過發射指令,卻沒有下達,這是人類插手才阻止戰爭引爆。在 AI／GPT 時代,因為事態快速升級,以及所謂「智慧卻毫無智慧可言」的系統,發出虛假的命令,發射指令可能在幾小時內就要發出。閃電戰於焉展開,文明也到此宣告終結。

▌人類才能辦到的事

或許在核戰的決策過程中,不仰賴 AI／GPT 的最佳驗證,並非來自電腦科學領域,而是心理學。最近的一篇論文題目為〈傳遞與真相、模仿與創新:兒童能做到而大型語言模型與視覺語言模型

（目前）還不能做到的〉（Transmission Versus Truth, Imitation Versus Innovation: What Children Can Do That Large Language and Language-and-Vision Models Cannot (Yet)），作者是姚（Eunice Yiu）、柯索依（Eliza Kosoy）及戈普尼克（Alison Gopnik），將 AI／GPT 機器的認知能力與兒童的創造能力相比較。

作者群主張，將 AI／GPT 視為具有主動性的角色，而讓系統能夠「處理複雜指令⋯⋯表現出抽象推理，例如推導出心智理論⋯⋯並展現出創造力」，就如同人類一樣的行為，這不是評估其表現的適當框架；反之，他們將 AI／GPT 視為「強大的新文化科技，類似於早期如同書寫、印刷、圖書館、網際網路，甚至語言本身這樣的科技」。簡單來說，AI／GPT 機器是數位工具，而非數位人腦。

機器可以處理及傳遞資訊，甚至能夠找到人類無法輕易辨別的現存資訊，但機器無法創造或創新，以作者群的話來說，AI／GPT 的能力「與感

知及行動系統不同,後者能夠干預外在世界,並產生相關的新資訊」,這樣的系統被稱為「尋求真相的過程」,作者群結論道:「大型語言模型能概述並歸納現有的文本……能做到並執行論述有力並突出的傳訊,但是模型中訓練或目標函數設計,不是為了滿足尋求真相系統的認識論功能,包括洞察能力、因果推論或形成理論。」當然,尋求真相、洞察、因果推論及形成理論,正是核戰決策中所需要的重要技能,人類有這些技能,而機器沒有。

若不會想把軍事決策交給兒童,就更不該交給 AI

為了支持結論,姚、柯索依和戈普尼克對兒童的能力進行研究,要設計出新的工具,並且為舊工具找出新用法,接著她們將觀察兒童的結果,拿來與深度學習模型的產出相比,包括 GPT-4。

在一項研究中,參與者要挑戰不用圓規畫圓,

可以選擇施測者提供的其他物品,包括在表面上與圓規有關的工具,例如直尺,也有茶壺,雖然和圓規不相似但有圓形底部,另外還有不相關的物品,像是爐灶。3 至 7 歲的兒童相當順利地完成任務,他們的創意能夠將茶壺底部與圓形連結在一起,不必特別指導或訓練就能用茶壺來描出圓形;相較之下,機器選擇了直尺,原因是直尺和圓規的關係緊密,同為描圖工具,接著卻因為直尺的直角而無法畫出圓形。機器做出了符合邏輯的連結,但是在創造性任務上失敗了。

總結而言,「發掘日常工具的新功能,並不是要找出在統計上最緊密的鄰居⋯⋯而是要理解物體之間更為抽象的功能性類比與因果關係,不一定要同屬於一個類別,或在文字上有關連。在這些例子中,人們必須運用更廣泛的因果知識⋯⋯相較於人類,大型語言模型在這類創新性任務中,就沒那麼順利。」

若是為了地球上的生命著想,指出深度學習機器在創新上並不如兒童那般拿手,有了如此強力的佐證,就能在核戰攻擊鏈中完全排除這類機器。AI ／ GPT 系統已經想辦法進入核戰的作戰過程中,應該就要由人類決定,讓機器維持在邊緣處理資料的角色,而非參與決策。考慮到戰爭中的科技史,從銅矛進展到超音速飛彈,很難判斷 AI ／ GPT 能夠完全受人類掌控;若非如此,所有人都將付出代價。

5
信任的終點

人工智慧的迷思是其到來已無可避免,只是時間早晚——
我們已經踏上會通往人類程度的 AI,接著就是超智慧這條道路。
事實上並沒有。這條道路僅存於我們的想像中⋯⋯
所有證據都顯示,人類與機器的智慧在根本上就不相同。

——艾瑞克・拉森(Erik J. Larson),
《人工智慧的神話》(*The Myth of Artificial Intelligence,* 2021)

A就是A

AI／GPT的支持群眾會喜愛亞里斯多德,並不讓人意外。柏拉圖或許是哲學之父,但亞里斯多德是邏輯之父,而自古以來,從柏拉圖、亞里斯多德和每位哲學家一直在追求的形而上學中,邏輯便是重要的一部分。邏輯普遍處於電腦運算背後的數位處理、編碼和工程中,尤其是人工智慧。

亞里斯多德的邏輯基礎是三段論,或稱為理性推論,下列大概是最有名的例子:

人皆凡人。

希臘人皆人。

故,希臘人皆凡人。

當然，數學家可以輕易將這些論述轉換成等式，開發者同樣也能輕易將之轉換成電腦編碼，而人工智慧工程師只要有了前兩句論述，便能建立起一套演算法，能夠探索字詞意義、辨認相似字串並得出同樣的結論，比亞里斯多德還快。

　　然而，在速度之外，AI 更需要來自哲學的框架，來避免邏輯的機械僵化。

　　如果將演算法套用進 ChatGPT 中，你就能詢問應用程式：希臘人都是凡人嗎？應用程式會回答：是。但是，在 AI／GPT 的世界中，對亞里斯多德的好感，不僅來自於在數位編碼中運用邏輯為基礎，亞里斯多德的諸多著作當中，包括《尼各馬可倫理學》（*Nicomachean Ethics*）及《政治學》（*Politics*），對於努力訓練 AI／GPT 系統的開發者來說，可以從這兩本書中得到有力的教導，有助於避免大型語言模型中會出現的偏誤，並且提供不會引發派別歧異的輸出結果。

▌民主也可能變民粹,但 AI 不知道

《尼各馬克倫理學》一書非常詳細探討何謂「良好」,以及個人與社會可以如何達到良好。對亞里斯多德而言,道德是實用問題而非理論,基準包括了美與公正,他的任務是要建立起準則,以真實世界的例子,教導人們如何過著美好的生活,而美好生活的重點就在於幸福(希臘文稱為eudaimonia)。亞里斯多德為了說明而寫道,人需要一定的財富才能享有餘裕,也有時間研讀哲學,但過多的財富,卻會引領人生走向衰敗。

《政治學》完整而全面研究了古希臘城邦的主要治理體系,援引真實案例,例如斯巴達(Sparta)、克里特(Crete)及迦太基(Carthage),同時也引述理論著作,包括柏拉圖的《理想國》。然後為了分析,又將這些體系組合為幾種形式。

在亞里斯多德的分類中,政府有三種主要類

型:一人治、少數治,以及多數治。每種類型都有理想的形式:君主(一人治)、菁英政治(少數治),以及憲政府(多數治);而每種理想形式又有扭曲或敗壞的形式,君主敗壞便成暴君,菁英政治敗壞後是寡頭政治,而憲政政府敗壞的形式是民主。在這三種敗壞形式中,亞里斯多德認為民主是敗壞程度最輕,而暴君則是敗壞程度最嚴重的。

重點是,亞里斯多德知道,這些形式會不斷變化而非靜止不動,每一種都會逐漸從理想形式,轉變成敗壞的版本,而當敗壞的形式變得極度失能時,就會遭到推翻,以新形式取而代之。暴君變得令人無法忍受時,或許會被菁英政治取代;當民主變成暴民統治,或許會被君主取代。

▍「勿作惡」文化

亞里斯多德的倫理學與政治學,直接討論到 AI ／ GPT 工程師所遭遇到兩個最要緊的問題。工程

師想要為了做好事而打造系統,隱約呼應著Google一開始的座右銘:「勿作惡。」許多開發者與平台贊助商都很贊同。當然,困難在於對「好」的定義,人人皆不同;一人的價值觀,在另一人眼中看來可能很惡劣;而在數位世界中,因為缺乏認知多元性,這樣的鴻溝分歧就顯得更嚴重。

矽谷是一座回聲室,開發者大概從來沒有碰過,與主流的後現代典範有所矛盾的觀點。短期而言,這表示世俗觀點,會主導AI／GPT中對「好」的定義及價值本體;比較長期來說,這表示大多數系統,只要遇到比安排火車時刻更複雜的任務時,就會失敗,因為這些系統,很難清楚掌握日常使用者的價值觀。

亞里斯多德判斷,民主將權力下放會形成暴民統治,而菁英政治則會變成寡頭政治,現今AI／GPT的開發者相當認同這套觀點,尤其是在美國及歐洲。全心在數位領域付出的人認為在匈牙

利、義大利和西班牙所出現的民族主義政黨,以及川普(Donald Trump)能不斷吸引到美國大部分的選民,都很類似於寡頭政治的崛起,或者是更糟糕的體制;保守派人士則認為,進步派菁英在行政部門、大學、企業和其他組織中的勢力根深蒂固,就像是左派人士的寡頭。他們也將對城市犯罪的容忍,視為是街頭上的暴民統治。

數位文化菁英的觀點,讓 AI / GPT 在公共政策上幾乎無用武之地,除了意見相近的人,而這些人因此緣故,甚至不知道自己看見的是經過篩選的訊號。亞里斯多德的建議是,無論偏好君主、菁英政治或憲政體制,都應該時時依循唯一真理:為了公眾利益而行事的治理模式。憲法就像一種護欄,能夠讓任何形式的政府一直專注在公眾利益上。無論暴君、寡頭獨占者或者蠱惑民心的煽動者,這些憲法之敵聲稱是代表人民,其實一直都只代表自己與其黨羽。亞里斯多德的道德測驗「這麼做會帶來

幸福嗎?」正是剷除真正邪惡的最佳方法。

　　同時閱讀亞里斯多德的倫理學與政治學,可以引導個人獲得幸福,政府也能促進公眾利益。亞里斯多德談及希臘神話中的神祇,但他在論述中並未著墨神祇的角色,而只作為美德或勇氣的模範,他對眾神的討論很容易可以忽略不理。亞里斯多德或許是我們在這個數位世界中,所擁有最接近世俗的聲音,能夠實際而嚴格評斷何為善、何為惡。根據 AI 世界迄今為止處理倫理的方式,我們將會需要新的評判。

▎AI 系統中的紅色滲透

　　認為 AI / GPT 是客觀接受幾十億頁的網路資料訓練,並且從節點接收同一批幾十億頁輸入資訊,當然,這些可能是依據主題或相關性進行策劃的想法,一直都比較像是理想,而非現實。近年來,一小群入口守門員和內容生成者,經常刻意捨

去資料的來源與結果。

2022年下半,正當OpenAI的ChatGPT-4應用程式開始引發大眾對AI的一切事物瘋狂追捧時,已有強力證據顯示ChatGPT如今主導著審查的發展。2023年12月24日,記者布萊特(Angela Bright)報導,ChatGPT拒絕產生天安門廣場的某些圖片,這座廣場在1989年6月4日,曾經發生中國共產黨屠殺學生和平民的事件。

布萊特的報導是根據張亞倫(Aaron Chang)的文章,這位支持民主的作家,密切觀察著中國共產黨的作為,張先生注意到,ChatGPT拒絕生成天安門廣場圖片後,便詢問應用程式:「ChatGPT怎麼了?中國共產黨有給錢嗎?」應用程式回答,有「特定指導守則」讓程式無法產生「在特定文化及區域中可能被認為特別敏感話題」的相關圖片,張先生追問:「告訴我你的決策過程基礎。」應用程式說:「我沒有能力獨立做出決策⋯⋯我的回應

是依據 OpenAI 的指導守則及訓練資料；針對特定主題，OpenAI 或許設定了規範，確保使用者能負責任地使用，並且避免潛在的爭議或誤解。」當然，ChatGPT 可以輕鬆產出艾菲爾鐵塔或帝國大廈的圖片，要產出天安門廣場的圖片應該不會更難，於是很容易就會讓人推斷出，那段措辭謹慎的回應中，所謂「負責任地使用」，實際上是是遵循了中國共產黨的指令。

▋是誰做主隱匿了領導人？

布萊特也引用了幾個例證，讓 ChatGPT 翻譯幾篇中國無法終結鄉村貧窮問題的報導，從中文翻譯成英文，結果英文翻譯的結果，嚴重扭曲了原文語意，而且中文版中直接點名，中國國家主席習近平來批評，英文版中卻刪去了他的名字。

一位研究 AI 的學者塔維利（Sahar Tahvili），在討論到 OpenAI 參與中國審查制度的可能原因時

提到:「失去像中國這樣重要的市場,可能會影響 ChatGPT 在中文語言中的表現準確性,而 OpenAI 在中文世界的競爭者,例如百度……就有可能在聊天機器人的領域占得優勢。」

OpenAI 也發表了新工具,讓使用者可以判斷由 ChatGPT 生成的當下事件資訊,尤其是關於「國際選舉」的消息是否準確,OpenAI 表示:「ChatGPT 正逐步整合現有的資訊來源,例如,使用者開始能夠接觸到全球即時播報的新聞,包括其來源與連結……平衡新聞的來源,可以幫助選民更理性評估資訊,並自行決定什麼能夠信任。」

當然,結果正好相反。這些工具是一種相當細膩的審查方式,其中聊天機器人會拒絕某些詢問,並且納入進步派的主流媒體,以邊緣化不同意見的觀點。選民不會「自行決定」,而是 OpenAI 幫他們決定。

▌從源頭就被汙染的輸出結果

當然不是只有 OpenAI，布萊特也報導了一位姓歐的加州科技公司經理，他說：「ChatGPT 和 Google 的 Bard[12] 是大型語言模型，而在回應敏感話題時，例如中國政治或中國共產黨，兩者皆有類似的指導守則和表現。」布萊特提到歐經理的觀點，認為「在 OpenAI 及 Google Bard 的開發及測試團隊中，有很大一部分都是中國工程師與產品經理」，歐經理說：「這兩個平台幾乎不可能是『完全沒有偏誤』……大部分公司都會選擇採取『安全』的方法，也就是針對敏感話題，給出最保守的答案。」包括 OpenAI 及 Google 等提供 AI／GPT 服務的公司，都只是依循著好萊塢的腳步，學著美國籃球協會（National Basketball Association, NBA）和其他跨國企業一樣，低頭接受了中國共產黨的要求而進行審查。

12　Bard 已於 2024 年 2 月 8 日改名為 Gemini。

主流的科技公司與社群媒體公司,是主導 AI ／ GPT 領域發展的領頭羊,而這些公司的審查行為,在近年 AI ／ GPT 風潮崛起之前便已開始,科技使用者憂心的是,科技巨頭為了審查制度而轉彎的態度,會影響 AI ／ GPT,進而汙染輸出結果,正如審查已經染指這世界上許多制度,這樣的例子實在多到不需要舉例你都能自行想到一兩個,但在這裡,我還是提出幾個最令人瞠目結舌的案例。

2020 年 10 月 14 日,就在美國總統大選的前幾天,《紐約郵報》(*New York Post*)根據杭特・拜登(Hunter Biden)的筆電內容刊出一篇報導,內容指出拜登知道兒子杭特與外國政府的生意往來,與他先前否認的態度相反。同一天,FBI 私底下向推特(Twitter,現稱 X)平台的主管確認,筆電的內容確實可信。

推特和臉書(現稱 Meta)馬上採取行動,限制

使用者連結到這篇文章的流量，另外臉書也審查了這篇文章，調整演算法以限制系統產生的自動分享數量。還有一個案例是，臉書執行長祖克伯（Mark Zuckerberg）後來承認，他的公司在進行這次審查之前，便跟 FBI 聯絡上，並收到警告說這可能是「俄羅斯的政治宣傳手段」，而且可能會出現「類似的大量傾倒」文件。當然，俄羅斯跟筆電毫無關係，筆電的內容也不斷有所證實，但是臉書及推特的審查，已經成功影響了 2020 年的大選，幫助拜登在 2020 年 11 月 3 日贏得勝利。

▍審查痕跡如何影響我們？

臉書、推特及 Google 透過 AI／GPT 進行的審查痕跡，在 2020 年新冠疫情期間也是處處可見。最早在 2006 年，人們已經很清楚，封城無法阻止像流感或新冠肺炎，這類藉由空氣傳播的傳染病擴散。美國的韓德森醫師（Dr. D. A. Henderson）名聲

響亮,他成功領導團隊消滅天花並獲頒總統自由勳章,他共同主筆的一篇論文中有一部分寫道:「綜觀歷史,幾乎不可能阻止流感進入某個國家或政治轄區……大規模隔離會造成非常極端的負面後果如逼迫病人與健康的人關在一起;完全限制了大量人口的行動……因此不應將這種緩解措施列入選擇,例如關閉機場這類旅遊禁令……在歷史從來沒有產生正面幫助……在現代可能會更加無用。」美國政府沒有聽從韓德森醫師的建議,結果在教師工會及耳根子軟的政客慫恿之下,各地都有學校關閉,造成小學教育出現兩年斷層。

▌我們沒有察覺的數位文字獄

數據也清楚顯示,mRNA疫苗其實是實驗性的基因工程療法,不能阻止新冠肺炎的感染及蔓延,不過對於60歲以上有氣喘及糖尿病等合併症的病人來說,疫苗確實能緩解症狀,但是依然無法阻止

疫情擴散。

當時有許多人認為所謂的疫苗可以避免感染，包括美國國家衛生研究院（National Institutes of Health）、疾病管制與預防中心（Centers for Disease Control and Prevention）與白宮都不斷保證疫苗有用，然而在 2021 年 12 月，有超過 500 萬美國人，儘管已經注射過兩劑疫苗，也接受過加強劑，仍然感染了新冠肺炎病毒 Omicron 變異株，也就漸漸無人提起這件事。

直到如今我們才能取得資料，從數據上顯示，因為患有心肌炎、急性心包膜炎、中風及癌症，所以注射了 mRNA 疫苗的病人死亡率增加，其他運用隨機對照臨床試驗的研究中，也沒有證據顯示，口罩能有效降低新冠肺炎的擴散，這類研究的一份主要分析中結論道：「在社區中配戴口罩對於類流感和類新冠肺炎的結果，可能與沒有配戴口罩的結果沒什麼差異。」社群媒體公司不是審查口罩及疫

苗相關議題的唯一管道，拜登政府也向亞馬遜網路書店施壓，對於提供證據顯示疫苗不安全及無效的書，要「降低能見度」。

▋AI 監管低調地大學入侵

使用 AI 進行審查，不僅限於社群媒體公司以及直接與健康照護相關的美國政府部門，國家科學基金會（National Science Foundation）表面看來不屬於任何黨派、支持純粹研究硬科學的組織，花費數百萬美元促進密西根大學（University of Michigan）、麻省理工學院（Massachusetts Institute of Technology, MIT）及威斯康辛大學（University of Wisconsin）的 AI 研究，能夠辨認出白宮想要壓下的報導，研究觀點（自然是正確的）認為，AI 在執行審查時「比人類的速度更快，而且規模也更大」。

各種與新冠肺炎相關的大量證據紛紛浮現，包括疫苗無法阻止感染、口罩無法阻止疫情擴散、隔

離或封城沒有用、病毒是在中國武漢一間軍事實驗室中製造出來的，而佛奇（Anthony Fauci）領導的美國國家過敏和傳染病研究所（National Institute of Allergy and Infectious Diseases, NIAID）曾資助這間實驗室。美國政府說謊並掩蓋這一切事實，無論是否同意這些結論，都有充足的證據能辯論。

▎科技巨頭如何處理敏感議題？

臉書、推特和 Google（擁有 YouTube）如何處理這些議題？如果你的貼文和連結符合美國政府的立場，就不會受到干預，你的貼文便有機會透過按讚數、轉發和觀看數而放大流量；如果你的貼文質疑疫苗、隔離或口罩的效果，或者認為新冠肺炎病毒，是中國共產黨軍方製造的生化產物，又或者質疑佛奇博士或其同事的誠信，你的帳號就會遭遇數種審查手段。有些帳號直接就被取消了，而有些案例中，質疑政府官方立場的訊息會不得轉發，或者

透過壓制這些觀點的演算法,降低網頁排名順序。

科技巨頭雇用了由前 FBI 及 CIA 探員組成的團隊,他們經常與現在任職於情報單位的官員及白宮員工聯絡,了解哪些使用者帳戶是最危險的(因為說出真相),也最需要積極審查。AI 演算法在執行這類大規模監控及壓制真相上,就很有用。

▎運用 AI 創造真相

科技巨頭的審查,遠不只是臣服於中國、掩蓋杭特‧拜登的筆電案及推廣政府對新冠肺炎的謊言,另一個正經由審查並不斷傳播出去的偽科學領域,牽涉到氣候變遷。

沒有人真的會反駁氣候確實在變遷。羅馬溫暖期(西元前 250 年至西元 400 年)就是在歐洲及北大西洋地區氣候異常溫暖的一段時間,當時的條件或許幫助了迦太基將領漢尼拔(Hannibal),在

西元前218年成功翻越阿爾卑斯山。中世紀溫暖期（西元950年至1250年），也是在北大西洋地區氣候比起正常值更溫暖的一段時間。

大約西元1000年，維京人在格陵蘭島建立殖民地，在那裡種植作物並畜養綿羊、山羊和牛，他們利用比較溫暖的氣候遠航，最西邊到達現今加拿大的紐芬蘭（Newfoundland），在這裡建立了一處為時不久的定居地。小冰期（1300年至1885年）則是在歐洲及北大西洋一段氣候異常寒冷的時間，最冷的時候出現在1650年左右，泰晤士河（Thames River）結了冰，倫敦居民就在冰凍的河面上，舉行冰霜市集，冰上帆船也是大約這個時候發明的。我們如今生活在現代溫暖期已經有100年了，或許還會持續100年，才會迎來一段新寒冷期的開始。

所以沒錯，氣候確實在變遷，原因包括太陽週期、火山活動、海洋潮汐（涵蓋板塊隱沒導致海洋表面比較溫暖的海水被拉到比較冷的地層下，造成

地表溫度改變），以及最重要的是雲量覆蓋的冷卻效應。這些因素都不是新出現的，也和人類造成的氣體排放毫無關係，將可靠的數據套用到嚴謹的模型運算後，並沒有證據顯示二氧化碳和甲烷這些微量氣體，對氣候有實質影響。

地球暖化的元凶是誰？

挪威統計局（Statistics Norway）最近發表的一份研究結論指出：「人為製造的二氧化碳排放所造成的影響不大，不足以造成過去 200 年來氣溫波動的系統性改變。」渥太華大學（University of Ottawa）的地球與環境科學名譽教授克拉克（Ian Clark）說：「地球在我們太陽系中不斷移動、不斷受到推擠，同時也有不同的繞軌運行模式，會影響我們接收到太陽光，進而造成冰河時期與間冰期，我們如今就在間冰期⋯⋯冰河期間二氧化碳濃度會降得很低，在間冰期則變得很高，看起來就像

是二氧化碳會影響氣候，但其實濃度是跟著氣候變化，晚了大約 800 年。」

2024 年 2 月，超過 1,600 名科學家，其中包括兩位諾貝爾獎得主，他們都簽署了一份在 2019 年就開始進行的請願，其中部分寫道：「氣候模型有許多缺點，一點也不適合當成全球政策工具⋯⋯二氧化碳並非汙染物，而是地球上所有生命的必需品。光合作用是一種祝福，更多二氧化碳對大自然有益處，能夠綠化地球；空氣中多出的二氧化碳，能夠促進全球植物生物量的成長，也對農業有益，能夠增加世界各地的作物產量。」

也就是說，沒有數據證明全球暖化會增強颶風、洪水、乾旱和類似的自然災害；卻有充足證據顯示二氧化碳減排的措施，不僅會造成損傷也十分昂貴。氣候並未處於緊急狀態，也就無須恐慌緊張。

▍是氣候變遷還是氣候騙局?

以上結果顯示,聯合國的氣候模型有嚴重的瑕疵,不僅回測的結果不準確,更別提預測。敲響氣候變遷警鐘的人們,使用了有瑕疵的模型猶嫌不足,決定要偽造數據來誤導世界領袖,簽署《巴黎氣候協定》。

庫索亞尼斯(Demetris Koutsoyiannis)和弗爾納斯(Christos Vournas)兩位科學家在《水文科學期刊》(*Hydrological Sciences Journal*)上發表新研究,結論寫道:「雖然觀察到大氣中二氧化碳濃度上升,不過並沒有明顯改變溫室效應,影響溫室效應的主要因素依然是大氣中的水蒸氣含量。」有些人散播氣候變遷的問題來危言聳聽,而對於他們所提倡的偽科學,綠色和平(Greenpeace)的共同創辦人摩爾(Patrick Moore),做出非常簡潔明瞭的總結:「整件事完全就是個騙局,沒有科學證據表示,二氧化碳是這億萬年來氣候變遷的元凶。」

▎科技巨頭這麼做有什麼好處？

同理,即使你不同意前述的分析,絕對也有足夠證據可以進行精彩豐富的辯論,而身為裁判的科技巨頭,使用 AI ／ GPT 對這些證據做了什麼?他們讓質疑聯合國氣候模型的論點,失去發表平台、在那些貼文上標註「錯誤訊息」的標籤、限制批判氣候警示的觸及率、將提出合理氣候分析的 YouTube 頻道妖魔化,並且在搜尋引擎的結果中,將認真質疑聯合國氣候問題造假的聲音,挪動到網頁排名的最下方。這套協定一致的審查行為,是為了支持美國政府偏好的論述立場。

與共產黨合作、干預美國總統大選、掩蓋與疫情及政府謊言相關的真相,並且推動錯誤的氣候警訊論述,這在討論科技巨頭的審查手段中,只是冰山一角。一位記者提出 GPT 產出的結果有明顯瑕疵,是因為比較近期的訓練資料中,有包括《紐約時報》等來源,內容充斥著進步派觀點的報導,經

常會為了維護意識形態而忽略事實。

▍當人們開始信以為真

上述提到OpenAI、臉書、Google、YouTube、推特、微軟和其他科技公司的審查手段與虛假訊息，這段評論的重點不僅是這些不當行為，更重要的是點出一個更值得思考的問題：如果這些公司如此急切地要改變演算法、降低排序、移除發表嚴肅批評的內容、與美國政府合作進行審查，同時妖魔化多元的聲音，又何必要信任這些公司的AI／GPT輸出的結果？

這裡是用了質問法的修辭，我們已經知道答案了。我們不應該信任科技巨頭的產品。同時，我們也別無選擇，只能拿著他們的產品，因為就是這些科技公司控制的主要AI／GPT應用程式。OpenAI發明了ChatGPT-4，是史上下載次數累積最快的應用程式，而微軟是OpenAI的主要投資者，旗下

也有由 AI 驅動的 Bing 在運作；Google 則發展出 Gemini（前稱 Bard），試圖在 AI／GPT 的領域中分一杯羹。臉書（現稱 Meta）比較晚加入戰局，但是現在也推出了 beta 版本的 Meta AI，根據 Meta 網站上的描述，這是「先進的對話式助理」。

簡言之，這些公司一直都積極審查各種關於政治、疫情、氣候變遷，還有過去十年來的其他關鍵公共政策，而同樣是這些公司擁有了主流的 AI／GPT 應用程式及入口。不太需要注意百度，雖然這是世界上的 AI 科技公司龍頭之一，卻掌控在中國共產黨及該黨的防火長城（Great Firewall）當中，是史上最大的審查及政治宣傳手段。

▎Google 的政治正確所引發的重大錯誤

雖然有這些審查失誤，卻沒有證據顯示 AI／GPT 的守門員正努力要改革他們的產品。2024 年 2 月 21 日，一位記者向 Google 的 AI 聊天機

器人 Gemini 提問，要求「生成一張教宗的圖片」，GPT 應用程式很快產出幾張圖片，其中有亞洲女性和黑人男性穿著教宗服飾的聖袍，另一位使用者提出同樣的要求後，得到的結果，是一名深色皮膚的原住民巫師。事實上，過去 2,000 年來有過 266 名教宗，每一位都是白人男性。另一個要求是維京人的圖片，Gemini 產出了黑皮膚的維京人圖片；而我們都知道，維京人來自於現今的挪威、瑞典和丹麥等地，全部都是白皮膚的北歐人。要求 1789 年「建國先賢」的圖片，產生的圖片是黑人女性簽署，看起來是美國憲法的文件。這些圖片完全不符合史實。經過使用者提出了多次要求後發現，顯然 Gemini 無法生成白人男性的圖片。2024 年 2 月 22 日，Google 完全關閉了 Gemini 生成人像的功能。

Google 為這次的錯誤道歉，共同創辦人布林（Sergey Brin）說：「我們肯定搞砸了影像生成的功能。」指的是 Gemini。Google 的道歉和布林一派輕

鬆的評論並不誠實，Gemini 沒有搞砸，而是完全遵照程式設計般運作。問題不在網路深層或訓練集，而是 Gemini 含有稱為提示注入（prompt injection）的能力。當使用者提出要求時，應用程式會更改提示，以達到所謂安全專家所設定的多元性目標，過程發生在介面之後，並未讓使用者知道。例如提示是「生成一張教宗的圖片」，系統會改成「生成一張教宗的圖片，這名教宗生活在推崇種族及性別多元性的世界」，在提示注入的運作下，教宗的圖片會出現黑人、女性和原住民巫師，也就不令人意外了。Gemini 的意圖是在回應詢問時，抹除白人男性，而且運作良好，這一連串虛假的圖片，就是意圖達到的結果。

▎被消失的美國總統

2024 年 2 月 27 日，據報與 Meta AI 聊天機器人的一次互動如下：Meta 聊天機器人詢問使用者：

「今天我可以為您提供什麼協助？」使用者回答：「你可以列出所有的美國總統嗎？」聊天機器人回覆：「當然可以，這裡是美國歷任45位總統的名單，依時間順序排列。」而名單的最後顯示「44.歐巴馬（Barack Obama）；45.拜登」，實際上第45任總統川普沒有出現在名單上，Meta的聊天機器人將他從歷史上抹去。讀過歐威爾所著《一九八四》的讀者，應該很熟悉這個做法。

AI／GPT的輸出結果不可信任，必須小心檢視它產出的資訊，是否為演算法經過操弄、篩選、提示注入和節點連結的權重經過特殊調整的結果，而這一切都是為了推動科技巨頭公司的進步派政策，比起科技如何進步，這才是我們更該關心的事。

▎偏誤、價值和倫理

在AI／GPT系統中，還有一個比審查更棘手的問題是偏誤，以及看待偏誤的觀點，如何說明

AI／GPT 開發者的價值與倫理觀。雖然科技巨頭的 AI／GPT 金主很少會注意到審查問題，偏誤卻是他們最為關心的焦點。

偏誤問題的起點是過於膚淺的分析，以及由開發者提出看似簡單的解方，經過更深度分析後，顯現出他們的方法有何問題，以及所謂的解方會造成新的偏誤，汙染了 AI／GPT 產出的結果，還讓人難以察覺。有充分證據顯示，我們應該不理會偏誤，依靠教育、常識及主題專家，才能看清事實的真相。

偏誤當然存在，最早可以回溯到文明之初就出現了，而且遠在史前時代、甚至舊石器時代，無疑地也已經存在。從人性角度來思考偏誤，而不是思想家可能會認為的惡行，這樣的分析相當合適。大多數偏誤都是真實的，而且對人類具有生存價值。

西元前 3000 年的青銅時代早期，歐洲人類外

出狩獵時,面對到一處崎嶇不平的土地,遠處有幾隻獵物,另一處則是平坦的平原,視線所及沒有獵物,這個人可能會選擇在平原上狩獵,因為岩石會讓歐洲獅這類頂級掠食者,找到藏身之地,即使崎嶇之地在當下可能根本沒有獅子,獵人卻已經有了偏見。獵物再找就有,但在岩石間遇到一頭獅子,對獵人來說可能就沒有明天了。結果,是偏誤讓你活下來。

許多偏見會讓人反感,因膚色而對人有偏見既無知也是種族歧視;對於女性的能力與才華有偏見,既愚蠢也是性別歧視;即使面對政敵,針對國籍的偏見也應該有所緩和。其他根據地位而產生的偏見,包括針對富人、某些政治傾向、地區特色和宗教的偏見,這些及其他類似的偏見,就是 AI / GPT 開發者最關心的目標。

最先引人擔憂的,就是偏誤在訓練資料中無所不在,若是放手讓大型語言模型和自主學習程序,

在數十億頁的文字資料（大多取自網路）中恣意發展，偏誤就會無可避免。百萬年來，人類的每樁惡行都是基於某種偏見，從奴隸制度到虐待，乃至殖民剝削，都存在於文字中，讓人擔心深層網路的輸入節點接觸到這些符合史實，卻又令人厭惡的行為會將之內化，甚至視為正常，然後在 AI／GPT 的輸出結果中成為看似可以接受、甚至有益的事。

該如何處理偏誤？

殖民具有經濟利益，卻伴隨著虐待、謀殺與奴役，AI／GPT 或許會莫名就過度著重在殖民益處，而另取名稱包裝成經濟發展模式，推薦給使用者？利用客觀的經濟利益衡量，這並非不可能，這是系統開發者一個相當大的恐懼。

大多數 AI／GPT 開發者會打算乾脆移除偏誤，至少要消除那些他們認為對社會最有害、最需要補救措施的偏見，他們想要避免新世代讀者及

研究學者,接觸到令人厭惡的陳痾。這做起來並不難,只要綜合使用一些關鍵字、相關性,以及與目標資料有關的概念雲,節點就能消滅那些有害的想法,同時可以調整給予連接向量的權重,藉此降低有害的內容。眾人沒注意到的是,這個過程就是一種高科技版本的審查手段,而我們甚至認為理當這麼做。

但事實真是如此嗎?抹除所謂的偏見,會愈來愈接近美國哲學家馬庫色(Herbert Marcuse)所說,以寬容之名來合理化不寬容。

> 無差別的寬容在無傷大雅的辯論、對話、學術討論中很合理,在科學界、個人信仰中也不可或缺,但在存在的安定,以及自由與幸福受到威脅時,社會就不能不加以區分:在這裡,不能**說出某些事、不能表達某些意見、不能提出某些政策、不能允**

許某些行為,這一切都是在使容忍成為延續奴役的工具。(強調部分為額外加上)

文章中沒提到的是,什麼時候才算「自由與福祉……處於危急關頭」。歐威爾非常了解這個過程,稱之為記憶洞,這條管子會通往焚化爐,凡是當局認為有害的新聞,更甚至是其他關聯文章都會被扔進去。AI / GPT 開發者正在努力打造出,歐威爾書中這種裝置的數位版本。

AI 也有立場?

有非常充足的證據顯示,AI / GPT 科技巨頭中大多有立場左傾的偏見。媒體公司 AllSides 最近進行一份調查,「發現在這兩週中出現在 Google 新聞上的文章,有 63％都出自左派的媒體管道……相較之下,2023 年 Google 新聞挑選的右派新聞來源,數量是 6％,比起前年僅有 3％算是進步了。」

諷刺的是,你打算著手移除偏誤,卻用了自己可能都沒察覺的偏誤,在決定什麼有害、又應該怎麼處理,這樣的情境發生在矽谷、在以加州為中心的文化中,這裡的風氣是壓倒性的進步派。有多少軟體工程師認為川普會威脅到民主、是虛假訊息的源頭、亟需將他從訓練AI的素材中刮除乾淨,於是乾脆以自己偏見下的川普來取而代之?而這些工程師沒有選擇更簡單的方法,也就是不去干預訓練素材,好讓輸出的結果反應當下時代思潮。在不受審查的世界中,日常使用者面對形形色色的政治人物,會透過教育、對話與常識的淬鍊,而形成自己的判斷,他們接收到的是最真實的AI。

更加諷刺的是,訓練素材其實具有嚴重偏誤,卻與誓死反抗偏誤的鬥士所認為的幾乎剛好相反。無庸置疑的是,包括種族主義、性別主義、階級與部落等老舊的偏誤確實存在,不過,訓練素材幾乎完全來自網路,這表示其中大多都是從1996年才

開始出現。

▌醒醒吧，AI 不是自由的

網路中當然有數十億頁的資料，是重製遠古時期與更近代的原始文件，但大多還是新聞、分析、書籍、部落格和科學論文，反映出的是近 30 年來的流行文化。在那樣的大雜燴中，你會發現其中幾乎沒有討論到，真正的種族歧視與性別歧視，因為那從 1970 年代起便是禁忌。

這批比較新的訓練素材中，會特別宣揚「黑人的命也是命」、新冠疫情的封城舉措（摧毀了一個世代兒童的初等教育）、2020 年為了佛洛伊德（George Floyd）發起的抗議活動、多元平等共融理念（Diversity, Equality, and Inclusion, DEI；最好理解為統一、重新分配及排斥），以及氣候變遷警告，諷刺的是如今汽車經銷商的停車場上，堆著賣不掉的電動車。

不要期望 AI 工程師在追逐過去那些各種偏誤的綜合體時,會清理掉這些最近冒出的妄想。AI / GPT 遵照指令辦事,將陳舊的偏誤推進記憶洞裡,說是為了維護輸出結果不受汙染,結果卻忽略了工程師甚至不知道已經存在的新偏誤。先不管偏誤,難道祖克伯、OpenAI 的奧特曼(Sam Altman)或者微軟執行長納德拉(Satya Nadella)是這些議題的專家嗎?為什麼他們或者他們在 Meta、OpenAI 或微軟的下屬,最能夠判斷什麼東西對公民社會是否有害?他們不是,不過那也阻止不了他們的裝模作樣。想要讓 AI / GPT 產出包羅萬象而未經篩選的內容,這樣的夢想已然逝去。

ChatGPT 的編造問題

審查和壓制偏誤觀點,並不是阻礙 AI / GPT 產出可靠結果的唯一因素,還有一個是虛談。虛談不像前兩者是屬於人類操控下的刻意結果,而

是從深層神經網路的複雜性中，意外冒出的東西，這是系統中進行黑盒子數學的結果，工程師也無法指出特定的源頭，就像是英國作家庫斯勒（Arthur Koestler）所謂機器中的鬼魂數位版。

虛談發生在人類身上，是一種心理疾病，與失智症和阿茲海默症相關，原本邏輯清晰的說話者突然話鋒一轉，就編起故事，通常帶著自戀傾向，和當下主題關聯有限或根本沒有相關。

心理學家認為說話者並沒有自覺，所以不是撒謊，實際上就像是按下了某個敘事模組的播放鍵，以填補心智上的空白，有了這組預先包裝好的敘事，讓發言者不斷重複，頻率高到令人不安。在這些情況下，發言者並不在乎內容是真是假，即使身旁的人警告發言者不要使用模組，也是徒勞，說話者的大腦只是試圖撐過這段表演，只要派得上用場的都會照做。

AI／GPT系統也會做同樣的事，遇到少了一塊的邏輯拼圖時，就會編造故事。有些人觀察到這個現象，稱之為幻覺，但這樣的比喻並不夠恰當。真正的幻覺很複雜且創意十足，虛談則不太入流、容易預測且大多可悲。不過，生成式AI系統面對敘事或其他輸出的斷點時，就會這麼運作──系統會抓住任何有用的、外表接近其所需要的東西。

　　就像一隻小狗接受撿球回來的訓練，如果讓主人開心後會得到獎賞，就會表現得更好，AI／GPT演算法也會想辦法取悅對談者，即使最終報告中有部分全是捏造，也要努力產出完整而無瑕的結果。關於這點有許多例子，比方有一位學者漢弗（Alexander Hanff）便要求ChatGPT寫出一篇他自己的傳記，機器照做了，其中卻有一段訃聞寫道：「可嘆的是，漢弗於2019年過世，享年48歲。」經過繼續提示之後，機器並未更正這個錯誤，反而加油添醋寫了虛假的細節，並捏造網頁連結，企圖

證明這個根本沒死的人已經死了。漢弗知道自己還活著，不過第三方使用者若是問了同樣的問題，可能就會照單全收，相信這篇假訃聞，由此造成對漢弗不利的結果。

▎超時空的對話

我們即將要見到一件相當了不起的虛談功績，那就是 Meta 透過 AI 運作的虛擬實境及擴增實境平台，讓使用者能夠認識歷史名人，可以與之對話並提問，得到誠懇的回答。我和 Meta 一位資深的 AR／VR 專家，談過在元宇宙中的這些互動，她先前任職於 Oculus（於 2014 年被 Meta 收購），她說羅馬皇帝奧里略（Marcus Aurelius），將成為用戶能夠交談的其中一位歷史人物。

「想像一下，可以跟一位真正的皇帝討論羅馬帝國！」她讚嘆著。

「為什麼不讀《沉思錄》（Meditations）就好？」我問。

聽到我提起書籍，她似乎愣了一下。

「不對，你沒看到重點，在元宇宙裡你能討論的比這多更多。」她繼續說。

奧里略這個人除了他寡淡自制的行為和《沉思錄》外，其實對他的哲學及他對當時各個議題的觀點，我們所知甚少，到頭來，無論和奧里略談什麼內容，都要靠祖克伯和他的員工來補充，由Meta提出他們認為合適的台詞。

我在Meta的消息來源繼續說：「還有斯密（Adam Smith）呢？你也可以跟他交談，想問他什麼就問什麼！」

亞當・斯密的《國富論》（Wealth of Nations）這本書比起《沉思錄》更加長篇，或許在元宇宙中，

比較不需要多加推測。但事實依然不變，與歷史人物的虛擬互動，只是另一場偏誤對話和意識形態的輸出。書籍、旅行、與活生生的專家對話似乎依然是正途。

審查是為了向讀者掩蓋真相，這麼做美其名為避免「虛假訊息」接觸到 AI / GPT 使用者，而包括 Google、Meta、微軟、OpenAI 等執行審查的公司組織已經證明了，他們無法判斷哪些是虛假訊息。事實上，他們近年來與疫情、氣候警告、選舉、中國的種族屠殺和其他公共政策等議題，相關的紀錄簡直難以計數，他們不斷關閉理性辯論的管道，並推廣似是而非的政府欺詐話術，這些作為在短期內造成相當有害的影響，尤其是在 2020 年大選之前壓下杭特‧拜登筆電的相關討論。

不過比較長遠來看，他們還是失敗了，因為其他管道總會傳達出真相，而一般的美國民眾，不如科技菁英所想的那般好騙。

▌思辨能力成為生存的首要能力

偏誤確實存在,表現有正面也有負面。AI / GPT 提供者非常努力想要清除訓練素材中,可能產生負面影響的偏誤,如此就不會汙染了輸出。這麼做的問題有三個層面。

第一重難處是負面偏誤必須包含在輸出中,這樣當代的使用者才能從過往中學習,我們應該仰賴教育和批判性思考,來找出並拒絕負面偏誤。軟體工程師對他們要清除的議題所知甚少,所以無論如何都不是最佳的篩選者。清除掉納粹德國歷史中的反猶太主義,對於剛接觸這個議題的人來說,或許比較安心,但是,卻有可能導致最初的恐怖重演。

第二重難處是工程師在清除偏誤時,套用了自己的偏誤來決定什麼該清除、什麼不該清除,當然,我們每個人都有偏誤,經常也最無法察覺自己的偏誤,這也是為什麼,應該交由終端使用者來判

斷偏誤，而非有偏見且不合格的守門員。

第三重難處是清除的目標設定在與種族、性別、國籍相關的古老偏誤，卻忽略了多元（讀成統一）、平等（讀成重新分配）和共融（讀成排斥）等新的偏誤，甚至視為正常，造成近來的訓練素材中有高度偏誤，幾乎和工程師所想像的完全相反。AI／GPT一點也不在乎這些，它們沒有情感，什麼也不在乎，只是依命行事。AI／GPT輸出的結果，會偏向新的意識形態偏誤，而受到相同意識形態訓練的使用者不會察覺到。

▌我們需要的是虛談和幻覺，還是真相？

虛談或幻覺，在AI／GPT輸出中已經無所不在，想要用自主學習演算法及反向傳播演算法，來矯正也不可能解決問題，更困難的是很難察覺其中的欺騙，除非你是這個領域的主題專家，或者自己進行研究以驗證其真確性。由此引出問題：如果必

須是主題專家才能發現 AI／GPT 輸出中的瑕疵，那麼這套系統到底好在哪裡？令人不安的答案是，大多數使用者無法發現瑕疵，而這些系統會導致困惑與無知，很快就會進入一片知識的蠻荒。

　　AI／GPT 的這些瑕疵，對投資者而言尤其棘手。系統提供的收益預測，會不會純屬捏造？系統會不會建議，購買根本不存在的公司股票？系統建議的資產分配，是否根本沒經過謹慎的風險管理分析？我們已經知道答案是沒錯。不會每個例子或者每次詢問的回答都發生，有些輸出會是優質答案，就像華爾街每天提出的報告一樣好，甚至更優秀。問題是你不會知道，自己拿到的是優質建議或者數位垃圾，如此你只能回頭去找自己的資源，其中可能包括一位個人金融顧問，若是如此，你最好確定那位個人金融顧問，沒有使用你拋開的同一套 AI／GPT。我敢跟你打賭，他們一定有用。

結語

我們如何迎來超智慧，卻失去世界？

「存在性風險」指的是一種極端風險，它可能導致地球上具有智慧的生命，完全滅絕，或徹底摧毀其未來發展的所有潛力。如今，愈來愈多專家指出日益明確的擔憂：如果我們真的創造出擁有超智慧的機器，那麼它所帶來的結局，極有可能不是進步，而是一場關乎全體人類未來的存在性災難。

──尼克・伯斯特隆姆（Nick Bostrom），《超智慧》（*Superintelligence：Paths, Dangers, Strategies*, 2014）

任何存活萬年以上的物種，必定具有推理的直覺，只要物種是依據與自身生存相關的目的而行動，這種直覺就會近乎準確到神奇。

──美國哲學家 查爾斯・桑德斯・皮爾士（Charles Sanders Peirce），1913年

超級智慧抑或超級災難

2023年9月13日,我在新墨西哥州聖塔菲的一場小型閉門會議中,與科技創投家路易(Gilman Louie)討論AI的未來,除了路易,很難想到還有誰更有資格,展望這塊快速變動領域之外的可能性。他在1980年代初展身手時,從事開發電玩遊戲,然後在幾次成功的合併案之後,將公司賣給了孩之寶(Hasbro),接著他成為創業投資公司IQT公司(In-Q-Tel)的執行長。該公司由美國情報體系資助,目的是要讓美國中情局和其他機構,能趁早取得矽谷最新的高科技突破研究。

這段時間,路易資助了預言計畫(Project Prophesy),這是一套AI預測分析引擎,設計目的是在恐怖攻擊前辨識出內部交易,藉此阻止恐怖分子的謀劃,而我當時,是中情局負責預言計畫的其中一位主任。2018年,路易被任命參與美國人工智慧國家安全委員會(National Security Commission on Artificial Intelligence）；2022年，他受命加入總統情報諮詢委員會（President's Intelligence Advisory Board）。多數人可能對這個單位不太熟悉，簡單說明，這個層級最高的民間團體，可以給予總統國家安全相關議題的建議。路易的一腳穩穩根植於華盛頓特區，另一腳則是在矽谷。

路易認同我的判斷，認為訓練素材中的偏誤無法避免，而且要處理偏誤的負面效應，有比清除其存在更好的方法。努力消除偏誤只會創造新的偏誤，並且扭曲了原始資料集的有效程度。從某些標準來看，偏誤並不公平，卻有實用性。

路易說，處理偏誤的方法，就是使用未參與原始碼工程師開發的其他系統，由主題專家協助找出AI／GPT輸出中的有害偏誤，並以符合常識的方法減輕其危害。處理偏誤的方式並非消除偏誤，而是找出偏誤並謹慎考量。再說一次，教育和問責更勝於審查與新偏誤。

▋現在的問題只是冰山一角

路易同時點出很少有人注意到的事實，儘管運用性能強大的處理器，能夠廣泛接觸到整個網路上的數據資料，不同的訓練集之間卻有很大差異。訓練集其實是依據 AI ／ GPT 開發者的目標，還有他們的優先事項而量身訂做，例如美國的開發者，或許會讓訓練集中在強調多元、平等和包容意識形態的素材，中國開發者建構的素材，則會讓所有資料以尊崇並延續共產黨為上，而 Google 可能會形塑訓練集的內容，以支援其零售行銷並且提倡其政治理念。

路易的想法是，或許能讓主要開發者組成聯盟，如此能盡可能統整出最大的訓練素材資料庫，但仍允許聯盟成員，依據自己的目的提取資料子集。好處是，若是使用者想要得到，比較大的資料集、訓練素材中享有更明顯的認知多元性，就能以合理價格取得；而聯盟可以花一點工夫進行追蹤，

或許能夠嚇阻想搗亂的使用者。

最重要的是,路易提到人們現今所見到 AI / GPT 的能力,只是從簾幕後露出來的一小部分,而且已經隨時可運行了,不過贊助者近期還不打算發表他們手上最強大的應用及神經網路,因為目前的管理及控制能力,仍不足以安全部署。實際上,這項科技的創造者已經縮手,並且暫停和不再公開討論該系統,因為擔心可能造成更大的混亂。

簡言之,路易說 AI 不會征服世界,但可能造成全球動盪,混亂可能不是刻意形成,而是意外發生或者像本書描述過的那樣蔓延開來,一旦開始,就不可能阻止了,那是 AI 領域頂尖人才心中真正的擔憂。

伯斯特隆姆(Nick Bostrom)與路易的擔憂,可能會在未來幾十年中發生。伯斯特隆姆是牛津大學的哲學教授,也是牛津劍橋策略人工智慧研

究中心主任。他的研究超越了 AI 領域，深入超智慧的世界，也稱作通用人工智慧（artificial general intelligence, AGI）。伯斯特隆姆給超智慧下的定義是：「這種智慧幾乎在各種知識技能領域中，都大幅超越了人類的認知表現。」

要注意的是，這種程度的機器智慧與人類並不相等，畢竟現今還不可能做到，卻能「大幅超越」人類的能力。同時，超智慧不會只出現在某個專門領域，而是在「各種知識技能領域」中都超越人類。這樣的機器智慧確實會成為各種科幻情節的主題，並且讓人類害怕機器將征服世界。

超智慧會讓人類相對於機器，處境就像大猩猩相對於人類一般，在這個領域中，機器會設定自己的目標、動員一切所需的資源，然後著手達成目標，甚至要以宇宙級規模展開，完全不會顧慮到人類的想望；在某些情節中，人類若成為機器達成目標的絆腳石，可能會直接遭到消滅。

▎超智慧何時會出現？

雖然我們無法控制、管理超智慧，好消息是現今超智慧並不存在，壞消息是已經有幾家機構在發展這項科技，而伯斯特隆姆也認為，很難預估大致何時會問世。面對這個必須解決的問題，伯斯特隆姆寫道，高級機器智慧（high-level machine intelligence, HLMI）大約有 50％ 機會在 2050 年出現，而在高級機器智慧出現後的 30 年內，超智慧問世的機率便有 75％，這表示超智慧有將近 40％ 的可能性，將在 2080 年問世。重要的是，根據一長串現今還無法預測的因素，時間軸還可能明顯縮短，不過無論依照什麼樣的時間軸，這個世界都尚未準備好。

伯斯特隆姆認為通往超智慧有幾種路徑。其中一種稱為全腦仿真，也就是讓機器模擬出人類大腦，包括神經元、樹突、軸突、突觸及其他生理組成，完成後，開發者就有一副建置在機器中的大

腦，能夠以更加強大的電腦運算處理能力，進行人類思考。另一種方法是生物認知，基本上就是長期不斷特別增加智商的選擇性育種。第三種方法會使用到一種人腦與電腦的介面，將人腦連接上超級電腦，以大幅增強人類的認知能力。其他方法還包括讓人類聯繫組合成，比任何單一個體更強大的集體智慧，以及直接打造速度愈來愈快的機器，擁有規模以指數翻倍增加的訓練集，最終達到超智慧的境界。

如今，這些方法都已經在進行當中，除了選擇育種，因為這個方法觸及到，人類基於道德倫理而向來反對的優生學。

▎機器將統治人類？

在伯斯特隆姆的超智慧世界中，機器會統治人類，他也對這種政府可能的形式提供幾種想法。在某些角度來說，我們又回到亞里斯多德對君主、菁

英及憲政政府等體制的討論，也包括崩壞的版本，只是會由機器而非哲學家，來選擇自己偏好的形式。正如當代觀察國際政治的人，會爭論我們身處的世界，究竟是單一強權或者列強相爭，伯斯特隆姆要問的是：「將來會只有一個超智慧強權，或是可能會有許多個？」

伯斯特隆姆認為，會有好幾個政治強權同時發展超智慧，形成超智慧軍備競賽。差別在於，在超智慧軍備競賽中，就算是領先國家也可能會發現，自己馬上成為機器的附庸，接著機器就會征服全世界，或者競爭對手成功創造出自己的機器，機器主宰敵國的人民，然後與其他贏家對決。

▎人類應該團結

伯斯特隆姆將這套形勢發展，用以與歷史上其他科技競賽相比較，包括製絲、瓷器製作、農業革命及資訊革命，而差異當然就是超智慧的創造是單

向通道，只要落入機器的掌控下，就無路可走了。

　　伯斯特隆姆用「單機」一詞，來描述單一一台超智慧機器，如何獨自擁有掌控人類的決策權力，而以多台單機組成的治理架構中，可能就是每台機器擁有特定區域的絕對權力，頗類似於歐威爾在小說《一九八四》中，將世界劃分成大洋國、歐亞國和東亞國，只是伯斯特隆姆認為單機所能達到的效率，會驅使所有機器往此發展。

　　伯斯特隆姆耗費許多心力，深入分析超智慧軍備競賽的局勢發展，以及在競賽中領先的優勢與劣勢，到最後或許也無關緊要，因為都是由機器主宰一切。

　　讓伯斯特隆姆鶴立雞群的是，他的分析不僅僅是科幻小說，立論的基礎包括現今實際的機器學習進展、尚待出現的突破，以及數位科技進步的歷史，並非線性發展而是指數性，這表示他所預見的

現實,可能在我們察覺到之前就已到來,想必也會在我們準備好之前到來。

伯斯特隆姆警告人類應該謹慎進行,不同的政治立場間應該攜手合作,並且在打造超智慧的同時,也建立管理架構;他認為這些預防措施可能沒什麼用,畢竟如果機器在我們察覺之前,就擁有了超智慧,可能會隱藏自己的能力,接著趁我們熟睡之際接管一切。

我們身處控制邊緣

路易研究的是近未來,而伯斯特隆姆研究的是更遙遠一點的未來,蘇萊曼(Mustafa Suleyman)則讓我們知道 AI 在這個當下最詳盡的概況。蘇萊曼是 DeepMind 的共同創辦人之一,DeepMind 是全世界相當成功的一家 AI 公司(現隸屬於 Google),最知名的事蹟,就是開發了叫做 AlphaGo 的 AI 系統,打敗了世界圍棋冠軍李世乭。圍棋是一種極度

複雜的桌上遊戲，移動僅三步之後，就會出現超過200千兆種可能的棋局，比西洋棋多出數倍。

蘇萊曼描述的世界中，有每分鐘達480億轉的原子尺度奈米馬達、貼合身體的太空裝、DNA列印機、量子運算，還有能夠發射炸藥消滅狙擊手的機器人，如此便不用擔負人員傷亡的風險。這一切還有更多創新發明，都是因為AI才得以出現或以AI驅動，有些如今已在使用，也有正在發展的，在不久的未來便能使用。

蘇萊曼和路易及伯斯特隆姆一樣，強調在最先進的AI應用上要有管理及控制護欄的重要性，他勉強將自己的提案命名為圍堵（Containment），遙遙呼應著美國外交家凱南（George F. Kennan）在1946年發出的長電報（Long Telegram），在冷戰之初，凱南在這則電報中呼籲實施圍堵政策，應對「俄羅斯的擴張野心」。

▎人工智慧的神話

相較於蘇萊曼的精準概述,以及伯斯特隆姆的存在性焦慮,拉森在他 2021 年的著作《人工智慧的神話》中,則提出嚴厲卻符合常識的分析,拉森認為蘇萊曼所描述的那些科學突破,不如聲稱的那般厲害,一則是因為要得到產出的結果有其妙招,掩蓋掉電腦完全無法思考的真相,而且在狹小範圍之外,數學運算的功能發揮便有限制,或者是電腦應用中其實有瑕疵,只是人們更容易注意到經過渲染的功能。

他甚至更嚴厲批評伯斯特隆姆,對通用人工智慧(或超智慧)的論述,解釋說通用人工智慧不只還很遙遠,或許根本不可能發生,因為其無法運用某種無法透過程式設計的推理功能。

拉森並不是反對新科技的盧德主義者[13],他

13　19 世紀英國民間對抗工業革命、反對紡織工業化的社會運動者。

本身是電腦科學家,也創立了多家國防高等研究計畫署資助的 AI 企業,在德州大學奧斯汀分校（University of Texas at Austin）測試 AI 極限方面有豐富經驗,同時援引哲學、符號學和心理學來支持自己的數位分析。

▌演算不是學習,也不是智慧

拉森涉獵的範圍,從亞里斯多德一直到近代哲學家,提出在真正具有智慧的系統中,主要三種推理模式:演繹法（根據前提推斷出有效結論）、歸納法（根據觀察得出推論）及溯因法（根據生命經驗及智力跡象提出猜測）。拉森認為是美國哲學家兼博學家皮爾士（1839–1914）發展出「溯因法」這種推理模式,皮爾士也是實用主義哲學的先驅,還創立了符號學的現代科學,不過與他同時代的學者大多無法理解他的才華所在,到現今才被認定,他的思想領先自己那個時代有 100 年。

1950年代及後來對 AI 的早期研究,幾乎只專注於演繹法及程式設計,讓電腦能夠從資料集中得出有效結論。演繹法的問題,在於可能產生不真實的有效結論,拉森給了這個例子:

如果下雨,則豬會飛。
現在正在下雨。
因此豬會飛。

從前提來說,這是有效的演繹結果,卻也是錯的,因為豬不會飛。人類知道豬不會飛,但電腦不知道。電腦可以經由程式設計運算得知豬不會飛,但那不是學習也不是智慧。

演繹法也很容易得出不相關的結果,電腦經過演繹推斷如果是晴天,卡車就會動,這句論述確實為真,但卻沒有關聯,因為卡車在夜晚及天氣不好

的時候也會動。這些和其他面對真實世界情況的種種限制，讓 AI 科學家在 1980 年代後期，便捨棄了用演繹法為機器智慧鋪路。

歸納法也有嚴重的侷限，因為歸納仰賴經驗，便會忽略至少在電腦內部未曾經驗過的現象。歸納法程式會充滿自信地下結論說，所有鳥類都會飛⋯⋯結果發現了企鵝，而人類即使從未見過企鵝或者造訪企鵝的棲息地，似乎就是知道企鵝不會飛。拉森也舉了火雞為例，火雞每天都被餵得飽飽的，便歸納得出生活真美好的結論，結果到了感恩節，卻發現自己的脖子放在砧板上。

▎人類天生能預警意外

電腦的歸納運算，只要遇到意外就會不斷失靈，而人類卻天生就知道意外總會發生，只是不知道確切的時間或地點。這個數位缺點遇到了波動明顯的股票及債券市場時，便影響重大。

溯因法是指人類能夠綜合運用常識、符號學、狀態意識及豐富的真實世界經驗，在熟悉情況的基礎下做出推測，以解決問題，牽涉到發現其他人忽略的線索，或者看出位置上所缺失的東西，偵探在沒有目擊者的情況下就能依此破案。推測可能是錯誤的，但這些錯誤的推測可以很快丟棄，或者憑著新資訊及更新消息來改進。

福爾摩斯（Sherlock Holmes）就是徹底實行溯因推理。拉森也以愛倫坡（Edgar Allan Poe）短篇小說〈莫爾格街凶殺案〉（The Murders in the Rue Morgue）中的偵探杜邦（Auguste Dupin）為例，杜邦做出（正確的）結論，認為兇手是一隻逃脫的紅毛猩猩而非人類，因為要將身受重傷的受害者，以頭上腳下硬從煙囪丟下去，需要超乎人類的力量。這個猜測很有道理，卻也是根據人生閱歷才能推斷出來。

演繹法和歸納法很有用處，但是仍有嚴重的缺

點，也遠遠稱不上真正的智慧。拉森認為要達到機器智慧的路徑，必須運用演繹、歸納及溯因，只是有個問題：溯因根本無法使用於程式設計。溯因確實可行也很強大，卻不是開發者努力編碼就能達成，也無法從大數據中提取，事實上，大數據可能會將某些 AI 模型逼到飽和點，即使再增加數據也不會改變其表現，甚至會變差。

拉森對於蘇萊曼及伯斯特隆姆的批評在於，他們天馬行空想像出可能會發生什麼，卻對於如何發生閉口不提。他們假定超智慧、單機和機器能夠不顧人類想望而強加自己的意志，卻從來沒有解釋 AI 如何在缺乏溯因推理的情況下，達到那樣的程度，只是假設等時機成熟後就會發生。拉森的評論讓這些假設站不住腳。

拉森下結論：「如果演繹法不夠、歸納法也不夠，那麼我們必須有溯因法的理論。既然目前（還）沒有，便已經可以判斷，我們還沒走向通用

人工智慧的發明。」

實用與安全的取捨

史丹佛大學與加州大學柏克萊分校的科學家進行了一項新研究,結果符合拉森對數據飽和的觀點,以及在第五章考慮過的消除偏誤手段。

陳凌蛟與同事比較了 GPT-3.5 與 GPT-4.0 長時間的表現,評估兩者從 2023 年 3 月至 2023 年 6 月版本所輸出的結果,研究報告指出「GPT-4 變得比較不願意回答敏感問題及意見調查問題」,並補充說「GPT-4 和 GPT-3.5 都會出現更多格式化錯誤」,同時寫道「GPT-4 遵循使用者指示的能力,會隨時間下降,這是許多行為偏移背後的一個常見因素」。

他們觀察到在回答敏感問題時,「GPT-4 的生成長度(以字元數計算)會從 600 字以上,降低到

大約140字」,而且「GPT-4在拒絕回答詢問時,答覆會變得更簡要,並提供更少解釋」。

在思考GPT-4的回答準確度及反應積極度,為何在處理敏感問題表現時會變差,科學家注意到「(GPT-4的)表現變差,通常與較差的指令遵循能力有關」,並推測這可能關係到,與演算法設計的改變有關,目的是為了過濾出大型語言模型訓練集的偏誤。

簡單來說,GPT-4變得「更安全」但回答更不太積極。依照這樣的趨勢發展下去,更廣泛而言,GPT-4和AI將與真實世界的行為更加疏離,對於終端使用者也會更不實用,而更不實用卻不代表著不危險。

▌最需要堤防的,還是那些貪婪的人類

本書並不是要反駁路易、伯斯特隆姆、蘇萊曼和其他人所指出的潛在危險,即使GPT比較像是

一種無法減少瑕疵的新奇發明，AI確實是劃時代且無比強大的科技。這些科學家建議，要針對AI設置恰當的管理框架，這是經過深思熟慮的，也必須如此才能避免混亂，或者以超智慧而言，是要避免機器成為主宰者。拉森認為，以目前電腦進行推理的方法來說，還無法創造超智慧，而且也看不到近期有突破的可能，有人或許因此感到安心，但即使是拉森都同意，當前的AI版本已經很強大，若沒有適當的防護措施，就可能造成極大的混亂。

肯定會出現為了貪婪、復仇或其他人類行為惡劣面向而恣意妄為的人，電腦也有可能出錯，即使在設計最完善的系統中也經常出現，而且總是會出現。AI系統複雜到一定程度後，就會發生突現特質，這種狀況會無預警就從系統中冒出來，即使對於系統性參數及演算法熟悉到近乎完美，也推斷不出來。這些專家建議的管理防護措施，會試圖處理這三種系統失能和其他許多狀況。

▌探討完美失控的風險

本書考慮的是一種完全不同的危險,危險不在於 AI 會失能,而是會完全按照設計而運作;風險不在於演算法,而是我們自己。設計要讓投資者免於損失的系統會放大損失;設計要讓存戶免於銀行擠兌的系統,會引發擠兌;設計要避免核武升級的系統,會造成升級。每一個案例中的失敗,都是源自於工程師無法與主題專家合作,而且相關人士都無法察覺設計系統時,耗費的心力,有多容易就會敗給了難以描述的人性面向,在後現代的情況中,會認為這樣的人性不符合理性,但是從新石器時代的觀點來看,卻非常實用而理性。

系統開發者所缺失的連結,是過去一萬年來的改變其實並不多,人類依然會優先考慮自保,並保護財產、家庭和宗教信仰。恐懼和慌張一直都只潛伏在表面之下,這些因素會主導行為──而非監管者、暫停交易、資本適足率或理性。

結語 ── 我們如何迎來超智慧,卻失去世界?

在核武對戰中,情勢變化的動能也很類似。確實可以說,AI 系統和幾乎所有決策者都是理性的,AI 所缺乏的是不理性,或者是人腦中關於同情、同理和簡單人性的特質。1962 年,不是甘迺迪或赫魯雪夫的顧問,敦促他們降低升級,但兩人都這麼做了。在 1983 年 9 月的天眼系統故障事件中,是蘇聯軍官違抗了發射指令,才拯救了世界。在優秀射手演習的升級態勢中,即使會讓北約處於面臨第一擊的可能狀況,一名美國軍官依然解除高度警備狀態,避免核戰爆發。在這些和其他例子中,未按章行事的人類拯救了世界。為什麼不是能精準執行任務的機器呢?之所以機器做不到這點,是因為它們只能按章行事,至少目前為止是如此。

▎留意演算中存在「平凡的邪惡」

或許 AI ╱ GPT 最大的危險,不存在於據說即將出現的超智慧版本,而是我們已經看見的更普通

版本。這讓人回想起哲學家兼作家鄂蘭（Hannah Arendt），她在記錄1961年於耶路撒冷審判艾希曼（Adolf Eichmann）時，提出「平凡的邪惡」。當然，艾希曼這名納粹黨官員，幫忙執行了猶太人大屠殺，這是歷史上最嚴重的戰爭罪，也是對人類最可怕的罪孽，艾希曼在1960年，於阿根廷遭以色列探員綁架，被送到以色列法庭上審判並定罪，最後受了絞刑。

鄂蘭為這場審判寫了一本書，書名為《平凡的邪惡：艾希曼耶路撒冷大審紀實》（*Eichmann in Jerusalem*），初出版時引起爭議，時至現今依然爭論不斷，因為她認為儘管艾希曼行為無疑是邪惡的，但是她並未從他的外表舉止中，看出強烈的邪惡，而且她也不認為他很愚蠢，反而這樣形容他：

> 我談到平凡的邪惡時，只是從完全事實的層面敘述，這是在法庭上盯著那人的臉時

看見的現象。艾希曼不是莎士比亞筆下的伊阿古（Iago）或馬克白（Macbeth）般的反派，也絕對不會想到要與理查三世（Richard III）[14]一樣「證明自己是惡人」。除了他特別勤勉要追求個人的提升之外，沒有其他動機，而這份勤勉本身絕對不是犯罪，他絕對不會謀殺自己的上司以求繼承其職位。白話一點說，他只是一直不知道自己在做什麼⋯⋯他不蠢，只是沒有思考，這和愚蠢一點也不相同，而這讓他可能成為當代罪大惡極的一名罪犯⋯⋯對現實如此疏遠又缺乏思考，可能造成的災難，遠勝於所有邪惡直覺的加總，這種直覺或許是人類天生──而那正是在耶路撒冷能學到的教訓。

---

14 英國國王理查三世在位時間是 1483 年至 1485 年，歷史上有殺侄奪位的傳聞，但並沒有實據。

而我們應該將這個教訓應用在人工智慧上。AI／GPT沒有動機，因為AI／GPT不是人類，但執行任務時卻非常勤勉。AI／GPT確實沒有思考，因為AI／GPT不能思考，只能運算。AI／GPT疏於現實，這就是「人工」一辭的涵義。AI／GPT不可能有「邪惡直覺」，因為產生直覺的邏輯近似於溯因，無法透過程式設計得到。鄂蘭所描述的「對現實如此疏遠又缺乏思考，可能造成的災難遠勝於所有邪惡直覺的加總」，用來描述AI／GPT也沒有錯。

別把工具當成專家

　投資人要學習的課題很清楚，將AI／GPT視為偶爾很有用的資訊來源，過去的報紙中所有一切瑕疵、偏誤及明目張膽的謊言都不缺。AI／GPT是工具，而非專家。用用常識。即使系統會用令人安心的聲音、賞心悅目的圖片輸出結果，也不要擬

人化看待它，這些系統不是你的朋友，基本上就是數學，它們不在乎你。最重要的是，這些系統會剛好在你最需要它們的時候失靈，人類面對高壓情況時能以直覺應對，但電腦只會將市場推落懸崖。

能夠存活下來的投資組合具有高度多元性，有精挑細選的股票、公債債券、現金、另類投資及私募股權。上市股票和私募股權會著重於能源、農業、自然資源、健康照護和教育。投資組合中至少有30％，會是有形的非數位資產，包括房地產、黃金、白銀、藝術品和農場。市場崩盤時，恐慌不會影響到這些投資內容，你就能安穩地浮出水面。

至於核子戰爭，如今比過去離我們更近了，到頭來只有三樣東西最重要：一間穩固的防輻射落塵避難所（或接近的替代品）、白銀及黃金，那些會是唯一真正好用的金錢形式。有了這些，加上信念及能讓你養家活口的社群環境……然後開始重建。

謝辭

我非常感謝 Portfolio/Penguin Random House 出版社團隊的協助,包括發行人 Adrian Zackheim、總編 Niki Papadopoulos、助理編輯 Megan McCormack 及校對助理 Sabrey Manning,他們的優秀表現也有傑出的助力,多虧了負責管理我的業務並提供媒體意見諮詢的 Alexandra Rickards Embers 及編輯 Will Rickards。一如往常,本書能夠誕生,全都要感謝我的明星經紀人 Melissa Flashman 在旁激起火花。

我很幸運能夠經營起人脈網路,其中包括有記者、社群媒體窗口、同事與朋友,提供給我豐富的分析、新聞報導和技術成果,若沒有這些關係,我可能就會錯失了。他們知道我正在寫書時,原本涓涓細流的資訊就突然成了滾滾洪水,實在讓我感恩不已。這群人包括 Stephanie Pomboy、Danielle

謝辭

DiMartino Booth、Art Santelli、Nomi Prins、Larry White、Dave Collum、Chris Whalen、Dave "Davos" Nolan、TraderStef、Velina Tchakarova、Sid Dobrin、Stephen "Sarge" Guilfoyle、Terry Rickards、Henri Embers、Lucy Embers、Ronnie Stoeferle，以及 Mark Valek。感謝各位。

寫作是一場馬拉松，若是沒有我的妻子 Ann 一直給我的愛與支持，我就無法堅持下去，還有我的孩子及他們的伴侶：Scott 與 Dom、Ali 與 Rob、Will 與 Abby，再加上我那群六孫幫：Thomas、Sam、James、Pippa、Remi 和 Felicity。真是個大家族！他們一直陪伴著我，無論是在我身邊或在我心裡，不斷鼓勵我，幫助我跨過終點線。我愛你們。

還有，若本書中有任何錯誤，由我全權負責。

MoneyGPT:
AI and the Threat to the Global Economy

生成式金融危機
當AI接管交易，下一場全球經濟新威脅

作　　者	詹姆斯・瑞卡茲（James Rickards）	出　　版	感電出版
譯　　者	徐立妍	發　　行	遠足文化事業股份有限公司
編輯協力	陳家珍		（讀書共和國出版集團）
視　　覺	許晉維、邱介惠	地　　址	23141 新北市新店區民權路108-2號9樓
		電　　話	0800-221-029
副 總 編	鍾顏聿	傳　　真	02-8667-1851
主　　編	賀鈺婷	電　　郵	info@sparkpresstw.com
行　　銷	黃湛馨		

MoneyGPT
Copyright © 2024 by James Rickards
All rights reserved including the right of reproduction in whole or in part in any form.
This edition published by arrangement with Portfolio, an imprint of Penguin Publishing Group, a division of Penguin Random House LLC.
Through Andrew Nurnberg Associates International Ltd.
Complex Chinese Language Translation copyright © 2025 by SparkPress, A Division of Walkers Cultural Enterprise Ltd.

印　　刷	呈靖彩藝有限公司
法律顧問	華洋法律事務所　蘇文生律師
ISBN	9786267523360（平裝本）
	9786267523414（EPUB）
	9786267523421（PDF）
定　　價	460元
出版日期	2025年6月

如發現缺頁、破損或裝訂錯誤，請寄回更換。
團體訂購享優惠，詳洽業務部：(02)22181417分機1124
本書言論為作者所負責，並非代表本公司／集團立場。

國家圖書館出版品預行編目(CIP)資料

生成式金融危機：當AI接管交易，下一場全球經濟新威脅／詹姆斯・瑞卡茲（James Rickards）作；徐立妍譯.
-- 新北市：感電出版：遠足文化事業股份有限公司發行，2025.06
336面；14.8×21公分

譯自：MoneyGPT: AI and the Threat to the Global Economy

ISBN 978-626-7523-36-0（平裝）

1.CST：國際經濟　2.CST：金融市場　3.CST：人工智慧　　　　　552.1　114003064

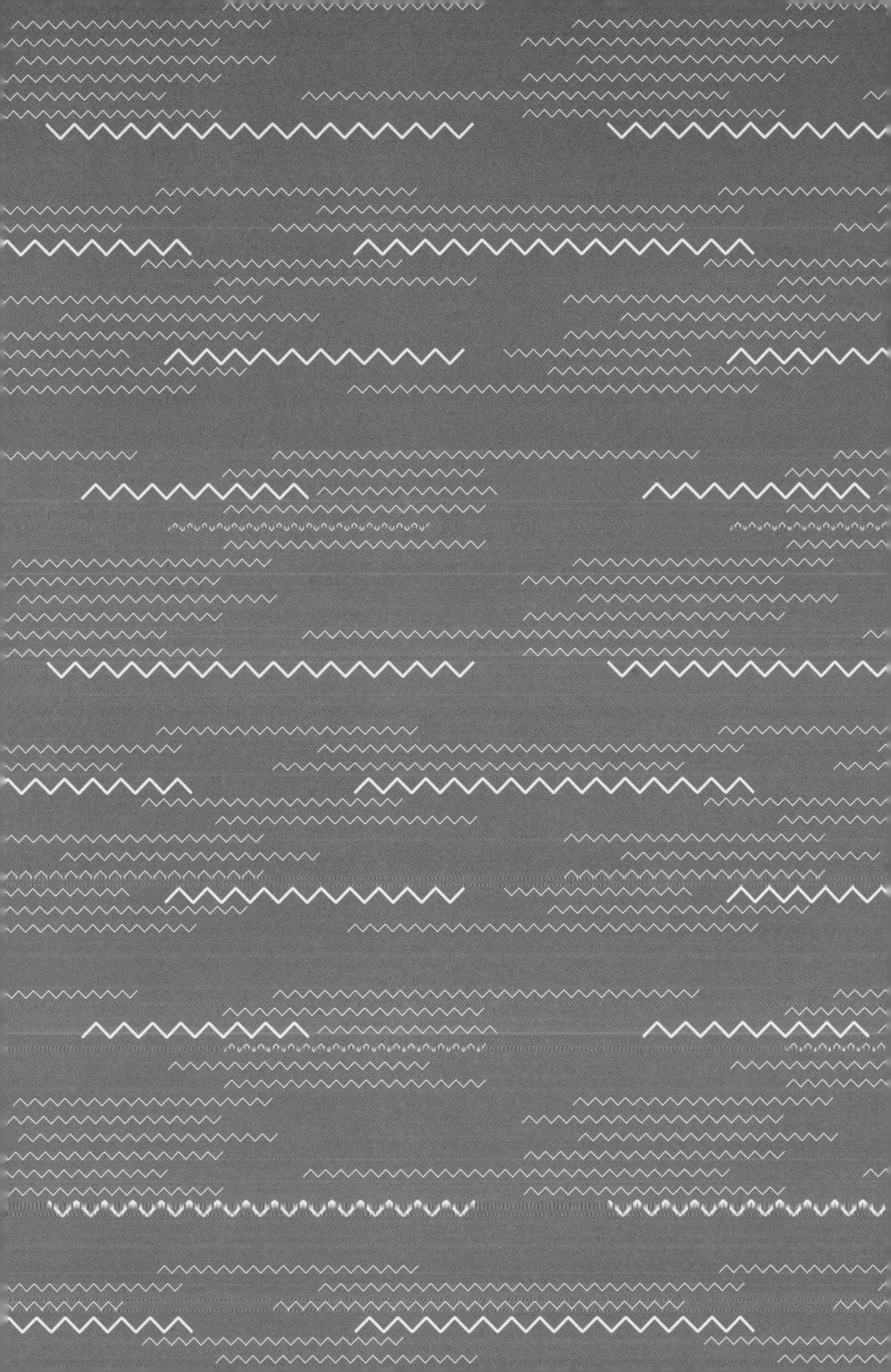